信頼される所見文は**ココ**が違う！

中学校

通知表
文例集

梶田叡一 [監修]　古川 治・杉浦治之 [編著]

学陽書房

監修のことば

　通知表は学校から家庭への重要なコミュニケーション・ツールであり、教育的にいうと形成的評価の大事な手段になるものです。学校生活における生徒の学習成果や生活状況を学期末に確認し、あるべき姿との関係で評価し、それをうまくフィードバックすることによって、その生徒のさらなる前進を図っていくためのもの、と言っていいでしょう。

　そうした基本性格を持つ通知表を見るとき、評点がどうなっているかについての関心は当然のこととして、所見欄に教師が何をどう記入しているかは、生徒にとっても保護者にとっても、大きな関心の的となります。学校での生活における当人の姿を教師がどう見ているか、何を認めてくれており、何を問題視しているのか、まさに他人事ではありません。

　生徒は教師が記していることばによって、新たな気づきに導かれ、反省させられ、励まされます。通知表は、当人に対する教育指導の大切なツールとしての役割を持つことを忘れるわけにはいきません。さらには保護者としても、自分の目の届かない学校での当人の姿を知ることによって、家庭での対応の仕方を考えさせられることになります。通知表は教師と保護者のコミュニケーション・ツールであると同時に、学校と家庭の教育的な連携協力関係を深めるものとなるのです。

　時代の進展とともに、我々の目にする子ども達の姿も変わってきています。中学生なら当然のこととされる思春期発達の具体的な表れも、以前とは異なったものになっています。少し以前なら顕著に見られた反抗期的言動も、今の中学生にはほとんど見られなくなっています。しかしながら、教師の目の届きにくいところで、今の中学生も友人関係や勉強に関する悩みを持ち、またいじめや学校嫌い等の問題現象も生じていま

す。教師の職にある方々は、今の中学生の抱える問題を見過ごすことなく、的確に捉え、保護者にも伝え、当の生徒の新たな成長のきっかけにしていくことが求められています。通知表の所見欄に記入することは、教師が自分自身の眼を磨いていく上で、得難い機会となるでしょう。

　本書は、通知表の教育的機能を十分に発揮していただくために、参考事例となるところをできるだけ多く盛り込みたい、という願いをもって制作されました。こうした願いを実現するために教育界の優れた先達の方々が編集と執筆に精魂を傾けてくださいました。一人でも多くの教師の方々が本書を手に取り、有効活用していただくことを願っています。

　本書の刊行にあたっては、学陽書房編集部の村上広大さん、小原加誉さんをはじめとする方々に、多大なお世話になりました。ここに記して深い謝意を表したいと思います。

　2021（令和3）年7月

梶田　叡一

はじめに

　通知表の所見文について、知人の一人から中学校時代の苦々しい思い出を聞かされ、驚いたことがあります。

　曰く、「時に友だちの発言をさえぎり、自分の価値観を押しつけるところがあり……」と書かれていたそうです。

　何を根拠にそう書かれたのか尋ねると、「大方、先生のやり方にそぐわない議論好きの私が鼻についたのだろう、おかげでしばらく無口になったよ」と言うのです。これは、NG の所見文例と言えるでしょう。

　幸い、知人は３年担任の所見文に及んで、「あの先生は僕をわかってくれた。だから、今の僕がある」とにこやかに語ってくれました。何気なく、当たり前にしていたことを、教師が認めてくれことで、自分の良さに気づかされ、自信がついたと言うのです。

　このように、信頼される所見文であれば、生徒はこれを受け止め、自らの学習過程や学校生活を振り返り、次への指針を見出すことでしょう。また、保護者はこれを受け止めて今の我が子への理解を深め、子どもにどう対していけばいいか教師と話し合うことにもつながります。この先生の言うことなら、この先生の評価ならうなずけるという、教師と生徒・保護者との信頼関係が築かれ、通知表の機能が一層発揮されることと思います。

　そこで、本書では模範文例を多く示すことよりも、一人の生徒の姿に対して、△の文例と○の文例を示すことにしました。△の文例は NG 文例であり、惜しい文例と言い換えてもよいでしょう。一見すると、さほど問題がないように見えますが、所見文として、不適切な点や不十分な点が含まれています。

これに対し、○の文例はOK文例です。しっかりと生徒・保護者に伝わり、信頼される文例を挙げています。そのうえで、それぞれどこがNG（イマイチ）なのか、どこがOK（ピカイチ）なのかを解説しています。

　両者を比較することで、実際の授業や学校生活の中で生徒のどんな事実に着目して見取っていけばよいか、どのように記述していけばよいか、参考にしていただければと願っています。そして、子どもの事実に着目していく評価のあり方を校内研修に組み込んでいくことを願っています。

　さらに、「願い・ねらい」に応じて評価の具体的な姿を考えることは、授業を構想し、生徒を促す指導の手立てを講じていくことにつながるはずです。その学びの仕掛けの中で、教師が温かく鋭い眼差しを生徒に向けていくことで、互いの信頼関係が一層築かれる所見文へと反映されていきます。

　教師のこの尊い営みにより、「学びに向かう力、人間性等」という目標に向かう、より良い行い、より良い授業が生まれることを期待しています。

　末筆ながら、今回、お忙しい中でご執筆くださった経験ある先生方に心より御礼申し上げます。

2021（令和3）年7月

杉浦 治之

第1章　所見文の書き方と新しい学習評価

第2章　育ちの姿（生活面）の所見文例

第3章　学びの姿（学習面）の所見文例

所見文の書き方と
新しい学習評価

❶ 通知表の機能と所見文

❶通知表の機能と役割

　通知表における評価は、学期のまとめの評価であり、生徒の「学び」と「育ち」の結果を総括化する「総括的評価」です。

　したがって、通知表の機能は、その総括的評価の一翼を担うものとして、生徒一人一人の学期、あるいは学年における教育課程の確認といえます。

　また、生徒と保護者に対し、学校としての評価結果を知らせることによって、その努力と成果を共有するとともに、今後より一層の努力を促すきっかけとしてもらうことで、家庭と学校の教育的なつながりを密接にしていくものです。

　通知表は、総括的評価を通知する機能とともに、その通知による学校（教師）と生徒・家庭（保護者）間の双方向のコミュニケーション機能が重視されるようになってきています。

❷コミュニケーション機能としての通知表

　教師からのコメントや文章が充実している通知表は、生徒及び保護者とのコミュニケーションが充実した通知表です。明確な評価規準に基づいて、子どもの学習成果をきちんと評価していかなくてはなりません。

　また、学習成果の評価だけではなく、それと同時に、性格・行動の様子や記録、あるいは特別活動や学校生活に関する評価も求められます。

　それぞれの学校における教育目標や学校経営の重点を踏まえて、学校生活における一人一人の頑張りの様子をきめ細かく見ていき、常日頃か

らメモをとるなどして、通知表での評価や所見文に反映させていくことが大切です。

❸保護者の価値観の多様化

　現代の若い保護者の家庭環境は多様で、それに伴い、「子育て観」も多様化しています。

　ある調査によれば、保護者が子どもに期待する価値観の優先順位は、かつての祖父母の時代と現在とでは次のように変化しています。

〈祖父母時代〉
① 「人に迷惑をかけない」
② 「挨拶や行儀作法ができる」
③ 「保護者や先生など目上の人を尊敬する」
④ 「家の手伝いをする」
⑤ 「自分のことは自分でできる」

〈現在〉
① 「親子のコミュニケーションがとれる」
② 「親子のふれあい」
③ 「思いやり・やさしさ」
④ 「自分の気持ちを言える」
⑤ 「友達と遊べる」

　このような優先順位の転換は、昨今の教育問題に大きく反映されています。学校でもこうした変化を理解して、一人一人の生徒の指導にあたることが大切です。

❹保護者の理解と協力を得るために

　担任の教師は、学級懇談会・家庭訪問・個人懇談会などを通して、日頃から保護者との関係づくりに努める必要があります。

　その過程を踏まえた上で、保護者が「我が子をよく見てくれている」と思うような、子どもに対する「認め」と「指針」と「励まし」のある心のこもった、説得力のある所見文に仕上げましょう。

　また、保護者は「我が子にはすくすく伸びてほしい、幸せになってほしい」という思いから、つい「過干渉」となってしまいがちです。こうした点を考慮した上で、生徒の学校での姿を認めて励まし、学校と家庭が子どもへの共通理解を深め協力していくことは、生徒の成長にとって大切です。そして、学校と家庭を結ぶパイプ役が通知表といえます。

❺質問・クレームに備えるために

　最近、通知表の成績及び所見文で、保護者から転記ミス、誤字脱字以外についての質問・クレームが出されることがしばしばあります。例えば、「うちの子は国語のテストで80点採っているのに、どうして『漢字の練習をしっかりしましょう』と書かれるのですか」「去年の先生からは問題のない子だと評価されていたのに……」といったものです。

　保護者からの成績訂正要求が増加したため、近年では懇談会の席上で通知表の成績を見せて、保護者からのクレームが出ないように対応する学校が各地で見られるようになりました。

　したがって、教師側も質問・クレームがあるものとして、あらかじめ「授業態度」や「身辺の整理・整頓」等の観察記録、「ノート」「作文」や「宿題」「提出物」「子ども自身の自己評価カード」の記録などをとっておく必要があります。保護者には、それらを用いて日頃の補助簿や座席表メモの記録を根拠に説明し、納得してもらえるような準備を怠らないよう

にすることも大切な心構えです。

　また、教師は日頃から次への学びや成長に結びつく形成的な評価を生徒に示して、支援する必要があります。つまり、総括的な評価である通知表でいきなり結果を突きつけないことです。そうして、生徒・保護者に「この先生の言うこと（評価）ならうなずける」と信頼してもらえるような関係を築いておくことが大切です。

❷ 所見文のポイント

❶生徒の成長と頑張りを認め報告する

　通知表は、各学期に一度、生徒や保護者に向けた「成長・頑張りの記録」です。所見文は、その記録についての共通理解を深め、今後の生徒への支援・援助、指導へとつなげていくものにしなければなりません。そのためにも、できるようになった点を先（前）に書き、できない点や短所等は後に書くようにすることが望ましいといえます。

　生徒のできない点や短所は印象深く残るものです。しかし、そうであっても「できるようになった点」に目を向けて、それを先にほめることで、やる気を引き出すことが大切です。

　教師が目を凝らすことで、どの生徒にも良い・優れた点を見出せます。まずは、生徒を認めていくことにより、「自分もやればできる」という自尊感情を育てることができるはずです。

　ただし、自尊心の高い生徒には「ほめ言葉」は達成感を持つことができた場面に絞り込み、少し高めの目標を次のハードルとして示したいところです。

　また、ほめる点の少ない生徒には、「先生もうれしいです」と教師の率直な気持ちを込めた表現で文にするとよいでしょう。

　生徒はほめられると嬉しいものです。しかし、過大に「あなたには無限の可能性がある」式のほめ言葉は「おべんちゃら」に映りかねません。「よく努力したね」「いつもよく頑張りましたね」など、ほめることによってその子が少し胸を張り、自信（効力感・有能感）を持つようになれば、さらにやる気を引き出すことができるでしょう。

❷生徒の長所を見つけるポイント

しかし、短所はすぐに言えても、良いところを言うのはなかなか難しいものです。すらすら所見が書ける生徒もいれば、反対に何も書けそうにない印象の薄い生徒もいます。

ほめることが苦手な教師は、無意識的に「良い子」「できる子」「頭が良い子」「頑張った子」などの基準しか持っていないという傾向があります。その本人の長所を具体的な活動から見取って、評価する（ほめる）という感覚が乏しいのです。

具体的な活動から見取る長所とは、何かが「できた」というだけではなく、例えば以下のようなことも長所にあげられます。

・明るい	・几帳面である	・あきらめない
・世話好き	・独立心がある	・がまん強い
・よく働く	・正義感がある	・文句を言わない
・注意深い	・協調性がある	・くよくよしない
・よく考える	・誠実である	・よく気がつく
・勤勉である	・粘り強い	・人に親切である

このような生徒の長所を、具体的に見取る視点を持つことが求められます。

❸まわりの人から聞き取れる生徒の姿

また、生徒の良い点に担任の教師が気づけていないだけ、ということも大いにあり得ます。

その自覚を持って、校長、教頭、養護教諭、部活動顧問、図書館の教師、給食の調理員さん、校務員さんなどに聞いてみるのもよいでしょう。

「保健室に来ては元気のない友達のことを心配して話してくれる」「部活動の際、いつも下級生と一緒に片付けをしている」「図書室の本を返すときに本棚の整頓をしてくれる」等々、担任が見えていない生徒の姿を知ることもできます。

　こうした姿を所見に書き、「来学期もこのような姿勢を続けてほしい」という教師の願いを示すとよいでしょう。

❹どうしても長所が見つけられないときは？

　それでも、どうしても長所が見つけられない生徒がいるとしたら、例えば次のように捉えるとよいでしょう。

> 例）　1学期の段階で、「やんちゃ」「おっちょこちょい」「5分以上集中できない」「落ち着いて取り組めない」といったことばかりが目についた生徒の場合

「元気で活発に授業に参加していますが、集中力が続かないときもあります。ノートの書き方を工夫させてみたところ、どの授業でも、取り組みに根気強さが見えてきてうれしく思います。」

　このように、良い面である活発さと、もう一歩の面である根気強さの両面を示し、それに対する指導・支援を続けていく教師の方針と意思とを表現しましょう。

　また、「何を書こうか困ったな、成長した点が何もないな」という場合には、「○○しかできない子」として見るのではなく、まず「○○はできる（例：空間図形の見取り図が上手に書ける）」ということを探すようにしなければなりません。

　「立方体の見取り図を正しく書きましたね。図形でいいセンスを持っています。次は○○をやってみたらどうでしょう。」

といった表現に、

「あなたならできますよ。」

「必ずできるようになりますよ。」

「これからの努力に期待しています。」

「この調子で努力を続けることを願っています。」

といった言葉を添えることで、一つでも良い点・できる点をほめると同時に、次学期に向けた意欲への橋渡しにすることが大切です。

　その上で、2学期の評価では、

「数学の自信が国語にも発展し、筆者がどのように論理を展開しているか注意深く文章読めるようになりました。」

　さらに3学期には、

「日増しに学習意欲が高まり、好きな教科では予習もするといった学習習慣が、この1年間で身につきました。」

と書くことができれば、子ども本人も、保護者も成長を感じられる通知表となっていくでしょう。

⑤短所や欠点を指摘するときの表現

　ときには生徒の努力を要する点など、その後の指導において特に配慮を必要とする事項の記載も必要となってきます。

　その際には、思いつきや恣意的な記述など、客観性や信頼性を欠く内容とならないように注意しなければなりません。また、否定的な表現で締めくくるのは避けるようにし、「教師の願い」「方針」を率直に込めた「肯定文」に変えて伝えていきたいものです。

×　授業中、途中から飽きてしまうのか、私語をしている姿が目立つように思います。まわりの友達の学習の妨げとなっており、迷惑をかけているようですので気をつけてほしいものです。

○ 積極的に授業に参加しますが、集中力が途切れて私語をしてしまうときもあります。学習に集中すれば、さらに意欲が引き出され、その教科の面白さの理解が深まります。根気強く取り組むことで、きっとそれを味わえますよ。

❻段階的に１年の成長期間を見通して評価する

　生徒の学習や生活の変化や成長の様子も、３か月程度で違った姿を見せるものです。

　竹の節のように１年間を３つに分けることは、生徒の取り組みの過程や育ちの中間的総括としての「とりあえず」の評価期間としては適当な期間であるともいえます。

　２学期制を導入している場合でも、３学期制の視点を所見文に生かすことは非常に重要です。

〈１学期〉

　一人一人の生徒の特徴・資質・学級での友人関係、家庭での習い事、伸ばしてあげたい良いところ、優れている点などを冷静に見取ることを重点に置きましょう。前年度の指導要録の記録や前担任などから、子どもたちの様子・課題を引き継いでおくことも重要です。その上で伸ばしたい点や課題については、１年をかけて成長してほしい姿として生徒自身に伝えましょう。

〈２学期〉

　学級の人間関係も安定し、学習以外の運動会、遠足、学習発表会、音楽会などの行事での集団活動が活発化します。それらの活動の中で、努力してできるようになって友達から認められた点、友達と協力してできるようになった成長の成果を見取るようにします。特に、学校生活が中心となる２学期ならではの成長や頑張りを認めましょう。たとえみんな

と同じようにしていても、その子なりに当たり前にできていること、何気なくしていることに目を配るようにするとよいでしょう。

〈3学期〉

　1年間の仕上げの学期ですから、教師が年度始めに生徒に呼びかけて作り上げた「学級目標（期待目標）」に照らして、一人一人の子どもたちが自分の目標を基準としてどれくらい頑張り、成長したかを成果として評価しましょう。学校・教師の「願い・ねらい」に基づいた継続的な指導により、いつの間にか自然とできるようになったことを見出せる時期でもあります。それを、生徒本人の「人間性」が涵養された成長として、教師が手応えを感じることもあるでしょう。

　ただし、次学年に残した課題があれば、それは生徒・保護者に期待して示しておく必要があります。

7 他の子と比較せず、その子自身の 成長・発達を見取る

　1年間の努力や伸びは大きな個人差が見られます。「英単語習得数でクラスでトップ」になった生徒に対しては、ときには「クラスで一番」という相対評価による評価が子どもにとっての「過信」ではなく、「自信」につながるなら表現してもよい場合もあります。

　しかし、例えば「古文の暗唱朗読」などの場合、クラスの相対評価ではあまり優れていないものの、その子なりにコツコツ努力し、自分なりに「できる」という効力感を持つことができたとします。そのような場合には、その努力を「進歩した」という向上の姿として、生徒や保護者にぜひ文章にして伝えましょう。

　その生徒が「1学期から見たらどうだろうか」「他の点から見たらどの点が一番優れているだろうか」とその子自身を基準に評価する「個人内評価」の視点で認めていく必要があるのです。

的確に生徒の良い点を見取ることは難しいものです。しかし、教師が生徒の小さな変化、成長に喜びを見出し、その喜びを保護者と分かち合おうとする気持ちが大切です。

❽「学び」と「育ち」の向上・深化を見取る評価

学校が育てたい豊かでたくましい人間性は、「行動の記録」欄と所見文にこそ表されるものです。したがって、この欄こそ、教師は力を入れて何日もかけて苦労して書き上げます。これこそ、通知表が学力保障だけでなく、成長保障の手立てとなる所以です。

学習面では、観点別評価の観点に従って評価します。多くの教師が、「『知識・理解』は主にペーパーテストの結果から『見える学力』として評価できるものの、『主体的に学習に取り組む態度』はペーパーテストでは測ることができない『見えない学力』なので困る」と感じているのではないでしょうか。

「主体的に学習に取り組む態度」は学習・生活両面の構えをつくる上で大切な力です。したがって、その見取りは大切な観点です。

例えば、「試行錯誤しながら学習方法を自己調整していた」「友達がわかるまで考えを説明していた」「授業で疑問だった点について、図鑑などで調べている」など、子どもに顕れる兆候（シンプトム）を注意深く見れば、見取ることができます。

その兆候は、学習面だけでなく、生活規律、特別活動における集団での役割など教育活動のあらゆる面で見取ることができます。

それを認める言葉としては、「粘り強く頑張りました」「一生懸命にやっていました」「大変意欲的でした」「ぐんぐんやる気が出てきました」「意気込みが違ってきました」「最後まで投げ出さずにやりとげることができました」などがありますが、さらに具体的にその姿を表す言葉を付け加えていきます。

また、生徒が「わかるようになった」「覚えるようになった」「できる

ようになった」という知識・理解は、あらかじめ教師が設定した到達基準にどの程度到達したかという「目標に準拠した評価」で達成度を測るようにします。

　一方、情意面の評価は、生徒が「以前より主題を考えて読書をするようになっている」「社会の問題を自分との関わりで考えている」「次のことを考えて時間を有効に使うようになっている」など、「向上目標」「期待目標」の観点から評価していくことになります。つまり、情意面における評価は「その子なり」の向上している姿として、「〜している」という動的で志向的な表れを見取っていくことが肝要です。

❸ 所見文で避けたい表現

　所見文は保護者の目に触れ、文書として残るだけに避けたい表現があります。例えば、プライバシーに抵触する表現や、偏見や差別につながる表現はトラブルのもとです。不要なトラブルを避けるためにも、エラーとなる記述には前もって注意を払っておきましょう。この配慮は、実際の生徒指導上の対応、保護者対応にも生かされてきます。日頃から教師が生徒の具体的な事実に着目して評価をする姿勢が大切です。

エラー❶　本人や保護者に面談等で伝えるべきことを記述

　学力不振や問題行動などの心配事は文章に残すのではなく、誤解のないようにまずは直接伝え、今後の指導に役立てたいものです。また、学校の指導責任を回避して、家庭や保護者に指導を丸投げするような表現、責任を転嫁するような表現は避けるべきです。

　例）宿題を忘れることが多く、いい加減なところがあります。

　例）授業で集中力が途切れないよう、ご家庭でも基本的な生活習慣をつけてください。

　例）いやがらせに取られる言動については、お父さんからもご指導ください。

エラー❷ 容姿・人格・家庭事情など、偏見や差別を招く記述

　ほめているようでも、人格そのものを教師が決めつけるような記述は避けるべきです。また、容姿や個人的な家庭状況に立ち入った表現、ジェンダーなどに配慮のない表現は避けなければなりません。

　　例）おとなしい性格で引っ込み思案ですが、何事にも粘り強く取り組む誠実な人柄です。

　　例）女の子らしく、家庭科の調理実習では洗い物までしっかりやり遂げました。

　　例）お母さん一人で育ててくれていることに感謝し、勉強に真剣に取り組んでいます。

エラー❸ 教師の先入観や根拠のない推測による記述

　教師の思い込み、不確かな情報から推測した表現はトラブルになりがちです。本人の振り返り、つぶやき、日誌メモや、同じ学級の生徒、同僚教師などの言葉といった、本人も納得するような根拠を示せるようにしておきます。

　　例）数学が嫌いなようで、飽きっぽく授業態度に学習意欲が見えてきません。

　　例）内気で社交性がないせいか、話し合い活動では聞いていることが多く感じます。

　　例）体育は得意ですが、肝心の数学の理解にもこの意欲を発揮するこ

とを期待します。

エラー❹　抽象的で心が伝わらない　一般的な記述

　生徒の何を見取り、どう評価をしているのかわからない記述や、担任の温かさが感じられない記述となっては残念です。3観点に照らして評価が明確になるよう、教師は目標に立ち返って指導の手立てを考え、それに応じて見取った具体的な表れを記述していくべきです。

　　例）全般的に各教科において次第に向上してきました。
　　例）今学期の成績は今一つでしたが今後に期待します。
　　例）学校と家庭の両方からの指導で万全を期すようにしましょう。

エラー❺　教師の教育的・専門的な概念や　言葉を使った記述

　教師は、往々にして教育的・専門的な用語、例えば「フィードバック」「リテラシー」といったカタカナ表現を使って所見文を記述することがあります。やむえない場合は除き、学校生活の具体的な表れに着目し、保護者にもわかりやすい言葉を用いましょう。

　　例）話し合い活動での友達の発言にも共感的理解が望まれます。
　　例）物理領域だけでなく化学領域の現象を理解する力が備わってきました。
　　例）学力がステップアップしたことで、今後は情意面での変容も期待されます。

エラー**6** 他の生徒などと比較した評価を思わせる記述

　教科での「知識・技能」のような達成的な目標から評価する場合を除き、所見文では相対的な表現は避けるべきです。他の生徒などと比較することなく、その子なりの変容を見取っていく姿勢が大切です。

　例）他の子より発言が少ないですが、二次関数をほぼ理解することができました。

　例）理解するまでに手がかかりましたが、同じように結果をまとめることができました。

　例）お姉さんはじっくり考えていましたが、○○さんは頭の回転が速くやることが素早いです。

エラー**7** 「道徳科」で、道徳性そのものを評価した記述

　「正義感が強い」「協調性がある」「誠実である」といった道徳性そのものの記述は、道徳科では逆に避けるべきです。また、「道徳科」の学習状況ではなく、学校生活の様子を記述したものは「道徳科」の所見文にはそぐわないものとなります。

　例）教材もとに話し合ったことで優しい心情が育ったと思います。

　例）クラスの中でも人一倍正義感があり、係活動でも実践しています。

　例）自己主張が強く、独善的な面がある一方、授業後の感想から協調性も見えました。

エラー **8** 「行動の記録」なのに、教科にも当てはまる記述

　特別活動等の学校生活での様々な場面に視点をあてて、その生徒の行動の表れを見取っていくことです。学力面からの一面的な見方にとらわれず、また、道徳や総合的な学習の時間の評価と混同しないようにしましょう。また、教科の目標に準拠した評価（絶対評価）を思わせる記述は、日常生活の中でも達成的な行動目標を強いているように誤解されます。

　例）授業後の振り返りの通り、ノートの取り方に力を注いで学力を向上させました。

　例）「5分前着席」という学年の目当てをきちんと守る行動をとることができました。

　例）登場人物に寄り添いながら、責任を果たすことの難しさを考えることができました。

❹ 校内での所見文検討会

❶ 紙上再現・校内所見文検討会

　皆さんの学校では、通知表の所見文に関する校内研修は行っているでしょうか。所見文は、経験も重要であり、新任教師の場合はもちろん、中堅・ベテランであっても、新しい学習評価に基づく所見文の作成には、まだ慣れていないことでしょう。

　そこで、校内で検討会を行うなど、学校全体で所見文作成に関して工夫を図ることが必要です。ここでは、所見文検討会の様子を紙上再現してみましょう。

▌A先生のはじめの原案

　次の例は、コロナ禍で「シトラスリボン運動」を始めた生徒について、A先生が最初に作成した「行動の記録」の所見文原案です。

コロナ禍の中で、シトラスリボン運動に興味を持ち、パソコンでリボンの作り方を調べたり、身近な友達に協力を呼びかけたりしていました。その取り組みは、学校全体に広がり、多くの人の協力が得られました。社会の一員としての自覚と行動力に感心しました。

▌校内での所見文検討会での意見

　上記の原案に対し、他の先生方からは、次のような意見が出ました。

B先生　：まず、「シトラスリボン運動」とは何かわからない。子ども
　　　　　が親に説明するにしても、何かしらわかるように伝えればど

うかな。

C先生　：「興味を持ち」とは、よく使うけれど、この子の主体的な行動を認めていく言葉として「思い立ち」に直してはどうでしょうか。

D主任　：「社会の一員……」の文言は、教師側が捉えておく観点の項目だから、生徒、保護者には、この子の行動を示すことでわかってもらえるのではないか。

教頭先生：新しい学習指導要領では、「学びに向かう力、人間性等」に目を向けていくことを願っています。「主体的に学ぶ態度」もそのねらいの一つでしたね。そこで、私たち教師には、教育活動を通して、生徒のどういう事実に着目するかということが求められています。所見文を書くことで、教師自身が授業を振り返って、子どもの学びに着目し、改めて授業や教育活動を見直すことにつながります。A先生が、まず生徒の事実に着目されていることは、この生徒が自分の学びを振り返ることができる良い資料となっていくと思います。

何より、子どもの学びの姿に目を向けていくことで、指導者と学習者の関係が築かれ、自然と良い行い、良い授業が生まれます。後は、先ほどの先生方のご意見を参考に、もう一度考えていただければと願います。

▌A先生が修正した所見文例

検討会での意見をふまえ、A先生は次のように修正しました。

心ない言葉や不当な扱いを受けている人がいるとの報道から、人との絆を結ぶシトラスリボン運動を思い立ちました。リボンの作り方を調べ、友達に協力依頼を呼びかけたところ、すぐに共感の輪が広がり、学校全体の大きな取り組みへと発展しました。

▌A先生の振り返りと校長先生からの助言

A先生 ：通知表を返したとき、所見文を読んで生徒が自分の行いを意味づけすることを期待しました。そこで、シトラスリボン運動の目的は簡潔に説明してみました。

　　　　また、はじめは「誹謗中傷」「率先して」と書きましたが、より平易でわかりやすい言葉にしました。さらに、この生徒が社会の問題に対し進んで行動を起こし、できることに取り組んだ事実に着目して書きました。これでも十分に「社会の一員としての自覚と行動」を認めたことが伝わると考え、この文言は削除しました。

校長先生：先生方のご指摘くださったことを、生徒に教科等の評価を返す場合でも参考にされてください。

　　　　例えば、学習者である生徒が、自らの学習を振り返りながら学習の調整をしているか、級友と対話しながら、自己の考えを広げ深めようとしているかなどで、主体的に学ぶことができる学習者を育てることになると思います。

　　　　A先生のように、子どもに視点を置いて授業を創ることや、日頃の学校生活で生徒の表れを多様に見出すことで、学力とともに豊かな人間性が育つことにつながると思います。

❷イマイチ所見からピカイチ所見へ

　経験の浅い教師の所見文には、「惜しい」と感じるものが少なくありません。続く第2章・第3章では、そんな「惜しい」所見文を挙げ、どこがイマイチなのかを明示した上で、「伝わる」所見文を示し、どこが「ピカイチ」なのかも端的に示します。

　通知表所見は、コピペで書くことはできません。本書を参考に、一人一人の生徒の成長がしっかりと伝わる所見文を書くこと、すなわち生徒の姿を確かに見取ることを身につけてくだい。

❺ 新しい学習評価の考え方

❶学習評価の基本的な考え方

2019（平成 31）年 3 月、文部科学省から新しい学習評価と指導要録に関する通知が出されました。

この通知では、「カリキュラム・マネジメントの一環としての指導と評価」「主体的・対話的で深い学びの視点からの授業改善と評価」という大きく 2 つの基本的な考え方が示されています。

ここではまず、この 2 点について詳しく見ていきましょう。

▌カリキュラム・マネジメントの一環としての指導と評価

今回改訂された新学習指導要録の総則では、カリキュラム・マネジメントには、「教育課程の実施状況を評価してその改善を図っていくこと」の側面があることが明示されています。

つまり、教師には学習目標（ねらい）に応じて授業の中で生徒の学びを振り返り、学習や指導の改善に生かしていく「PDCA サイクル」が求められます。学習評価は、学校における教育活動の質の向上を図る際の「Check」の役割を果たすものですが、生徒の学習状況を評価するだけにはとどまりません。学習評価の成果を学校全体としての教育課程の改善に生かすことが求められ、さらに学校経営方針や校務分掌を含めた組織運営の改善にもつなげていく必要があります。後述する「授業設計」のように単元の学習モデルをデザインすることもその 1 つです。

このように「評価」の方法や活用次第で、学校全体として組織的かつ計画的に教育活動の質の向上を図るカリキュラム・マネジメントの実施が可能となるのです。

●各学校における PDCA サイクル

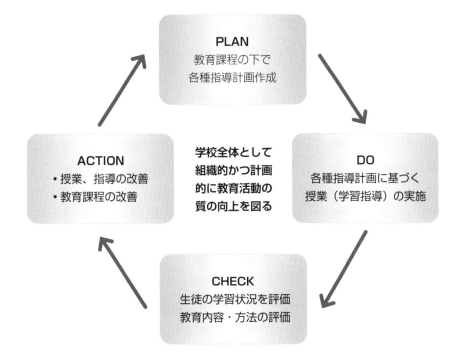

▍主体的・対話的で深い学びの視点からの授業改善と評価

　カリキュラムを考える際には、これまで「何を教えるのか」を主軸に構想しがちでしたが、今回は「何が身についたのか」に焦点があてられています。つまり、教えた結果として子どもたちに「何が身についたのか」という学習評価の充実を求めているのです。

　特に、生徒の学びが「主体的な学び」になっているか、「対話的な学び」になっているか、さらに「深い学び」になっているかという視点から学習評価を明確にすることで、授業をより良く改善していこうとするものです。

　例えば、「自らの学習状況を把握し、学習の進め方について試行錯誤するなど自らの学習を調整しながら、学ぼうとしているかどうか」といった意思的な側面まで評価する工夫が求められています。

❷観点別に整理された評価

　何を求め、何を評価していくのか。そこには観点が必要です。新学習指導要領では、各教科等の目標や内容が「知識・技能」「思考力・判断力・表現力等」「学びに向かう力、人間性等」の資質・能力の三つの柱で再整理されました。

　これに対応して、学習状況を分析的に捉える観点別学習状況の評価の観点については、「知識・技能」「思考・判断・表現」「主体的に取り組む態度」の三つの観点に整理されています。

●各教科における評価の基本構造

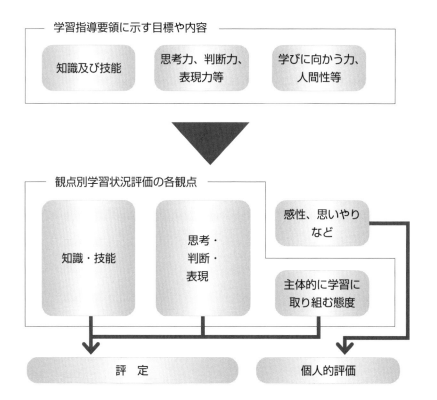

留意することは、三つの柱のうち、「学びに向かう力、人間性等」は、観点別評価になじまない、感性や思いやりなど幅広いものが含まれていることです。

そこで、「主体的に取り組む態度」として観点別学習状況の評価を通じて見取る部分と、観点別評価になじまず、こうした評価では示しきれないことから個人内評価を通じて見取る部分があるとしています。また、「人間性」については、「人間性の涵養」という観点から長期的な視点で考えていくことになります。

❸観点別評価の具体的な方法

▌観点別評価と評定の取り扱い

観点別評価の段階及び表示方法については、これまでと同様に3段階（ABC）とすることが適当と据え置かれました。

その上で、各教科においては評価と評定の両方で捉えることを基本とし、これらに示しきれないものを個人内評価で実施するものとされました。

---

① 学習状況を分析的に捉える観点別学習状況の評価
② これらを総括的に捉える評定
③ ①・②に示しきれない生徒一人一人の良い点や可能性、進歩の状況については個人内評価

学習評価を充実させていくためには、教師の見取りの正しさや豊かさが求められます。そこで、具体的で多様な評価方法の研修を深め、試行していくことが重要です。

▌「知識・技能」の評価

各教科等における学習の過程を通した知識及び技能の習得状況につい

て評価を行うものです。そして、それらの既有の知識及び技能と関連付けたり活用したりする中で、他の学習や生活の場面でも活用できる程度に概念等を理解したり、技能を習得したりしているかについて評価します。そこでは、ペーパーテストにおいて事実的な知識の習得を問う問題と、知識の概念的な理解を問う問題とのバランスに配慮するなどの工夫・改善が求められます。

〔具体的な評価方法の例〕
　生徒が文章による説明をする、各教科等の内容の特質に応じて観察・実験をする、グラフで表現するなど

　授業において実際の知識や技能の活用を求める場面を設けるなど、多様な活動を適切に取り入れていくことが考えられます。

「思考・判断・表現」の評価

　各教科等の知識及び技能を活用して課題を解決する等のために必要な思考力、判断力、表現力等を身につけているかどうかを評価します。

〔具体的な評価方法の例〕
　ペーパーテストのみならず、論述やレポートの作成、発表、グループでの話し合い、作品の制作や表現等の多様な活動を取り入れたり、それらを集めたポートフォリオを活用したりするなど

　ここでも、教師が授業設計をする上で、思考力や判断力、表現力が目に見える形で評価できる活動や場面を設定する工夫が考えられます。いわゆる「向上目標」としての一面があり、その評価は「〜している」と単元全体やいくつかの単元を通して見取ることも考えられます。それには、あらかじめ指導後の具体的な生徒の表れをいくつか予測しておくという「目標分析」の手法が参考になります。

▎「主体的に学習に取り組む態度」の評価

　「主体的に学習に取り組む態度」では、粘り強く知識及び技能を獲得したり、思考力・判断力・表現力等を身につけたりするために、自らの学習状況を把握し、学習の進め方について試行錯誤するなど自らの学習を調整しながら学ぼうとしているかどうかという意思的な側面を評価します。

　これは、学習の中で自己の感情や行動を統制する能力、自らの思考の過程等を客観的に捉える力（いわゆるメタ認知）など、学習に関する自己調整に関わるスキルなどを評価しているのです。

〔具体的な評価方法の例〕
　ノートやレポート等における記述、授業中の発言、教師による行動観察、生徒による自己評価や相互評価等の状況を、教師が評価を行う際に考慮する材料の一つとして用いるなど

　これを評価するためには、上の例のように学習過程に目標や計画の立案、自己評価、相互評価等の手立てを位置づけることが考えられます。そこで、単元の指導計画を立案する上では、こうした生徒の学習活動を組み合わせた授業をあらかじめデザインすることが求められます。

　なお、このときに留意したいことは、挙手の回数や積極的な発言、毎時間ノートをとっているなど、単に粘り強く取り組んでいるという態度の評価にとどまらないことです。

❻ 新しい学習評価と授業設計

❶新しい学習評価と授業設計

　新しい学習評価では、「知識・技能」「思考・判断・表現」「主体的に取り組む態度」の三観点が示されています。そこでは、学習に関するメタ認知や調整力、自己統制力まで評価するわけですから、学習過程に生徒側の PDCA サイクルがあることが望まれます。

　そこで、これらを適切に評価するために、教師は「ねらい」に応じた各場面での「表れ」を予測し、同時にこれを見取ることができる活動や場面を学習過程に用意しなくてはなりません。次頁の図はその学習モデルの例です。例えば、「主体的に取り組む態度」の評価では、単元のガイダンスや試行的な学習を通して意義を理解することで、「(テストの点数だけでなく)これは大切だからやってみよう」といった表れから自己統制力を見出すことが可能です。

　また、生徒に自己目標を立てさせることで「自分は今回こういうことを追究したい」という表れも期待できます。

　すると、この自己目標を通して学習評価ができ、次の例のような所見文が考えられます。

（『故郷』という）小説の鑑賞学習で、（魯迅という）作家が私たちに何を伝えたいのか、登場人物が時代の中でどんな自分として描かれているか読み取って、小説の新しい読み方ができるようにしたいという目標を立て、これに向かって友だちと話し合い追究することができました。（中3国語単元：「故郷」の小説鑑賞学習）

●新しい学習評価に向けた学習モデル

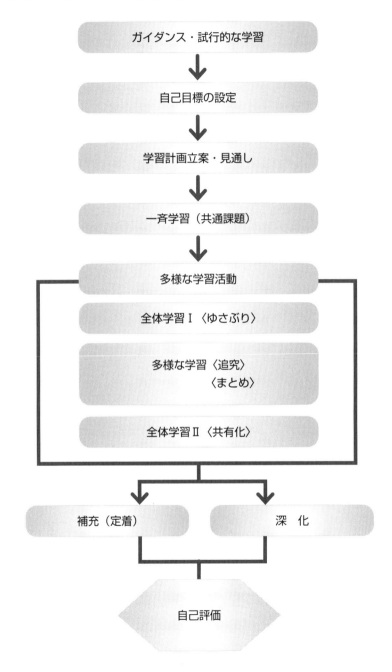

ガイダンス・試行的な学習

↓

自己目標の設定

↓

学習計画立案・見通し

↓

一斉学習（共通課題）

↓

多様な学習活動

全体学習Ⅰ〈ゆさぶり〉

多様な学習〈追究〉
〈まとめ〉

全体学習Ⅱ〈共有化〉

補充（定着）　　　深　化

自己評価

また、多様な学習活動を仕組むことで、生徒に課題を選択させたり、課題を作らせたりした上で、試行錯誤して追究するなかで、「思考・判断・表現」の能力的な部分が見えてくることでしょう。また、ここで友達との協働的な学習を取り入れ、意見の練り合いを試みれば、「対話的な学び」の評価（表れ）が見えてくるはずです。

　そして、単元の終末部分で自己評価をする場面を設け、生徒の振り返りの表れを見れば、「主体的に取り組む態度」、つまり、自己統制力、メタ認知力、自己調整力を評価することができます。例えば、次は先ほどの所見文に自己評価を加えた記述例です。

> その結果、本文の『地上には‥‥』の言葉から、『人々に勇気を与えて一緒に行動してほしい』と読み取ったことで、言葉に着目して読む自分の小説の読み方が深められたと、自己目標を振り返ることができました。

　さらに、授業の活動場面ごとに形成的な評価を積み上げていくことで所見文を具体的に記述していくことができます。

　このように、生徒側に立った授業のデザイン、それに応じたねらいと指導があってこそ評価が可能です。これなくして言葉巧みな所見文をいくら模しても、実体のない空しい記述になってしまいます。

　ねらいと指導の先には評価があります。つまり、学習目標を分析し、指導後に身に付いているだろう表れ（評価）を具体的に予測して、あらかじめ授業設計、指導の工夫をすることが求められます。その結果、適切な所見文の記述となります。

❷指導と評価の一体化につながる目標分析

　三つの観点でそれぞれ評価するにあたっては、それを見取ることができる授業そのものの改善が同時に求められることがわかってきました。

学習評価の充実は、授業を設計する等の教育課程全体の充実につながってきますし、どのように充実させるか、その手法を研究することになります。このとき、教師がねらいを明らかにするためには、目標分析の手法が有効な手立てです。

　例えば、「主体的に学習に取り組む態度」を「情意」の能力と捉えて階層化し、目標として表現していくことで、評価するときの具体的な内容となっていきます。

　次頁に、目標分析の手法を生かした国語科読解教材の授業での情意を分析した例を示しました。ここでは、目標と同時に授業場面での生徒の具体的な表れを予測して評価に役立てようとしています。

　目標分析では、「つけたい力」を「目標分析表」の横軸（能力）と縦軸（内容）の２次元マトリックスにまとめます。そうすると、各枠（セル）のなかに、単元や教材レベルの目標（Q表レベル）が、内容とともに階層性をもって表されていくことになります。

　このように目標分析表の各セルに記入するとき、例えば達成的な目標における行動目標の書き方、向上的な目標の書き方一つをとっても、同時に指導の在り方を細密に考えることとなることで、授業研究の視座が生まれます。そして、生徒の見取りを確かなものにしていくことができます。

　つまり、実際の授業場面での「何がどうわかったのか、できているのか」という評価（子どもの見取り）へと生かされてくるかどうかが問われてきます。「〜がわかる」「〜ができる」と、これまでおおまかに捉えてきたことも、何をもって、どうであれば「わかる」のか、「できる」のかと、「子どもの視点」から吟味されることと思います。そして、このような具体的な作業は、現場の経験ある先生方でなければ難しいのではないでしょうか。

　今回の学習指導要領の改訂にあたって、観点別評価の観点を具体的にどうしようかと考える上で、この手法も一つの参考となることを期待します。

● 情意能力の分析Q表の例

国語科「小説の鑑賞」（１年「小さな出来事」＜魯迅＞例）

情　意		
達成目標	**向上目標**	
興味・関心	追究意欲	価値づけ
視点人物「わたし」に共感して、ないがしろにしていたはずの「車夫」のとった行動に、驚いたり、疑問を持ったりすることができる。	作者（魯迅）の書きたい主題や描き方に注目して、その良さを深く読み取ろうとしている。	自分の姿や生き方と対比させて、小説家が描く、それぞれの背景の中で生きる人間の真実を主体的に掘り下げようとしている。
	・「わたし」の「卑小さ」が浮き彫りになる小説のクライマックス（頂点）を中心に、小説の組み立てやその良さを探ろうとしている。	・この小説のように、時代の中で生きる個別の人間のそれぞれを描き、人間は時代や社会の影響を受けて生きていることに気づいている。
	・視点人物「わたし」から見た中心人物の「車夫」の行動と私の気持ちの変化を読み取っていこうとしている。	・魯迅のように、伝えたい意思を持って巧みに文章表現することで、多くの読み手の心や行動に時代を超えて影響を与えていることに気づいている。

❸所見文（評価）への ICT の活用

　高校入試や大学入試の調査書では、総合所見の中で学級担任が各教科の学習状況等の記述を求められることがあります。

　そんなとき、３年生の学級担任は、「１年生のときはどうだったのだろうか」とか「他の教科でこの子の良さは何かないだろうか」と記述に頭を悩ますことがあります。

　そこで、近年の教育の ICT 化により、次頁の例のように評定によらず所見文等の学習記録をデータ化している学校が増えてきています。

　新学習指導要領の示す「主体的な学び」では、「学ぶことに興味や関心を持ち、自己のキャリア形成の方向性と関連付けながら、見通しを持って粘り強く取り組み、自己の学習活動を振り返って次につなげる『主体的な学び』が実現できているか」を見取ることになります。

　そこで、個人の学習状況等のスタディ・ログ（学習履歴、学習評価、学習到達度）を学びのポートフォリオとして電子化・蓄積して指導と評価の一体化を進めることが始まっています。この結果、学習者（生徒）自身が自分のスタディ・ログを振り返って、自己評価することができますし、教師は生徒がどのように振り返って自己評価しているかまでも評価していくことが可能となります。

　このため、文部科学省では、2017（平成 29）年度より「次世代学校支援モデル構築事業」に取り組み、学校現場において実際にデータを活用して教育の質を高めていく実証を通じて、学校におけるデータ活用の在り方や学習記録のデータ化の方法、システム要件や情報セキュリティ対策について検証を行っています。

　特に教育用 AI の発達・普及によって、AI が個人のスタディ・ログや健康状況等の情報を把握・分析し、一人一人に対応した学習計画や学習コンテンツを提示することや学習者と学習の場のマッチングをより高い精度で行うことも可能となっていくでしょう。

　ICT を活用して教育の質の向上を図ったりするなど、所見文などの

評価には新しいテクノロジーを活用した取り組みを進めていくことが課題となっています。

●学習記録のデータ化の例

氏名	H	N
	指導上参考となる諸事項	
学年	第1学年	
1 学習における特徴等	学級委員に自ら立候補し、その責任を果たした。長期休暇中に流しの排水溝や黒板消しクリーナーの内袋を水洗いするなど、細かいところに気がつく生徒であった。授業中は教師の問いかけに対して積極的な発言を行うなど、意欲的に取り組んだ。	真面目な性格であり、学校から出された課題などは期日までに提出するよう努力していた。また、図書委員として図書当番の業務を任されたときは、責任を持って仕事に取り組んでいた。
引継事項等	母親との関係が心配。姉が優秀なので、コンプレックスを持つ。隠語を平気で使うなど、言動面で心配。	
学年	第2学年	
2 行動の特徴・特技	とても明るく、活発な性格である。自分の進路を見据え、ボランティアにも進んで参加したり、就職試験の問題を自主勉強ノートにやったりと、主体的に行動できていた。授業中も積極的に発言し、クラス全体を良い雰囲気にする生徒である。進路希望は、進学である。	真面目で素直な性格である。礼儀正しく、いつも笑顔で前向きにコツコツと努力できる。落ち着いた態度で人の話に耳を傾けるので、周囲に安心感を与える。学業は全体的に努力し、落ち着いて取り組むことができた。

（参考）

- 文部科学省「小学校、中学校、高等学校及び特別支援学校等における児童生徒の学習評価及び指導要録の改善等について（通知）」（30 文科初第 1845 号、平成 31 年 3 月 29 日）
- 文部科学省　国立教育政策研究所教育課程研究センター「学習評価の在り方ハンドブック」（令和元年 6 月）
- 中央教育審議会初等中等教育分科会教育課程部会「児童生徒の学習評価の在り方について（報告）」（平成 31 年 1 月 21 日）
- 文部科学省初等中等教育局児童生徒課「『キャリアパスポート』例示資料等について（事務連絡）」（平成 31 年 3 月 29 日）

6

新しい学習評価と授業設計

第2章

育ちの姿（生活面）の所見文例

❶ 基本的な生活習慣

［基本的な生活習慣］の評価のポイント

　「基本的な生活習慣」では、自他の安全に努め、礼儀正しく節度を守り、調和のある生活をしているか、生徒の言動を観察します。

　次のような表れを評価していくことが考えられます。

- ●交通規則を守り通学するなど、自他の安全を考えて行動している。
- ●礼儀の意義を理解し、時と場所に応じた適切な言動をとっている。
- ●決められた時間を守るなど、時間の大切さを考えて有効に使っている。
- ●身のまわりの整理・整頓、公共の場での片付けや後始末をしている。
- ●提出物や学習用具の忘れ物をせず、予定を立てて行動している。
- ●自分の持ち物を大切にし、お金を無駄遣いしないようにしている。
- ●情報モラルを持ってネットを利用するようにしている。

　新しい観点には「学びに向かう力・人間性」があります。「人間性」については、教科や道徳、特別活動におけるそれぞれの主体的な学びが関わり合い、積み重ねられることで、涵養されていくと考えられます。

　「基本的な生活習慣」では、まさしく清浄な学校生活での自覚ある行動の積み重ねが習慣化され、その子の「人間性の涵養」がなされていることを見取って記述していくことになります。

❶ 自他の安全

▌慌ただしさがなく、落ち着いて生活した生徒

⚠ 抽象的でわかりにくい表現を用いている

　いつも当番活動など、学級での決められた仕事を一つ一つしっかりやってくれて助かっています。また、生活全般で落ち着いた行動をとることができ、精神面でも安定してきたように思います。

ここがイマイチ 😞 ··

「しっかり」「一つ一つ」「生活全般で落ち着いた行動」では、生徒にも保護者にもどんな行動が評価されているかが伝わりません。また、「精神面でも安定」は誤解されがちな表現です。

⚫ 生徒のどんな行動を評価しているか具体的に記述

　授業の開始前に、用具の準備や当番活動などを済ませてゆとりを持って行動しています。また、教室を出るときには窓やドアを閉めて、特別教室に移動してくれました。どんなときでも人を急かすことなく、心配りのある言葉をかけて次の行動に移っていました。

ここがピカイチ 😊 ··

教師がその子のどんな行動を観察し、何を評価しているのがわかります。そして、気持ちの面でも慌ただしさがなく、落ち着いて生活していることが、具体的な行動から見えてくるように記述しています。

2 挨拶や言葉遣い

毎朝、さわやかな挨拶をしていた生徒

⚠ 担任教師の視点でしか評価していない

　毎朝、元気でさわやかな挨拶をしてくれています。おかげで学級も明るくなり助かります。改まった場面では、敬語に注意して上手に対応できるようになりました。社会に出たときにも、こうした言葉遣いができていくことを期待しています。

ここがイマイチ 🙁 ···

「してくれています」「助かります」は、誰のためなのかをはっきりしないと、担任教師のためだけのものになってしまいます。また、こうした行動が見られた場面を明らかにすると、生徒も振り返ることができます。

◯ 他の教師からの評価も適切に伝えている

　毎朝、元気でさわやかな挨拶を友達にして教室に入り、学級の雰囲気を明るくしています。面接練習でも、尊敬語だけでなく、謙譲語も自然に使って話をすることができていると担当の先生から聞きました。社会に出ても通用する言葉遣いが身についてきています。

ここがピカイチ 😊 ···

教師がいつ、どの場面での行動を評価しているのかが見えてきます。また、同僚教師からこの子の生活行動の情報を収集し、他の教師からの評価として適切に伝え、本人の成長を認めた記述となっています。

❸ 礼儀正しい行動

面接練習を通じて、礼儀正しさを学んだ生徒

⚠ 生徒がその思いを持った理由がわからない

　面接練習を行った後に、これからは普段でも丁寧な言葉遣いを心がけたいと感想を書いてまとめていました。今後もこの気持ちを大切にして、いっそう礼儀正しい行動をしていくことを期待します。

ここがイマイチ ···
授業や特別活動の面接練習を通して、言葉遣いを学ばせた場面を切り取っていますが、建前だけの感想にとどまらないようにしたいものです。その子がそうした思いに至った経緯を記述すると良いでしょう。

○ 生徒の様子を具体的に見取り、励ましている

　グループでの面接練習で、言葉を選んで話したことから、「君の良さや気持ちが伝わったよ」と友達に言われ、日頃から丁寧な言葉遣いを心がけたいと感想をまとめました。社会に出てもこの気持ちを大切にして行動していくことを期待します。

ここがピカイチ ☺ ···
自分の言葉遣いが友達に認められたことで思いを強くしたという、生徒の感想をよく読み取っています。生徒が本音で発した言葉を受け取ることで、教師からの励ましになった記述です。

4 節度・調和のある生活

自分や学級の整理整頓ができていた生徒

⚠ 行動面よりも学習面の評価に偏っている

　自分の身のまわりや、教室全体の整理・整頓が行き届いています。忘れ物をすることもなく、ノートの取り方も几帳面なので、その成果が学習にも表れています。これからも落ち着いて勉強に取り組むことで学力も伸びていくと思います。

ここがイマイチ ･･････････････････････････････

生徒の行動面での表れを評価したいところですが、学習面への成果にばかり目が向けられています。教師は生徒の評価が学習面だけに偏ることのないよう、行動面での良さに力を入れて記述したいものです。

● 教師の日頃の観察を生かしている

　放課後、自分の机や椅子を整えながら、教室全体の整理・整頓をして帰っていきます。また、体操服をたたんだり、ロッカーの中の資料集や学習用具を整理したりと、何気ない行動から物を大切に扱ったり落ち着いた生活を送っていたりすることがわかります。

ここがピカイチ ☺ ･･････････････････････････････

教師の観察力がこの生徒への温かい眼差しとなって表れ、具体的な行動を見取って記述しています。子どもの成長を全人的に捉えようとする姿勢が表れています。

5 基本的生活習慣からの人間性の涵養

自覚的な行動の積み重ねが生き方の姿勢となった生徒

⚠ 生徒の主体性や本人にとっての成長が見えてこない

　学校では「時を守る」という校訓があります。これは早めに行動するということです。いつも当番や先生の「５分前行動」という指示にきちんと従って行動してくれたり、毎日の授業を落ち着いて受けてくれたりと、この校則を実践してくれています。

ここがイマイチ ☹ ⋯⋯⋯⋯⋯⋯⋯⋯⋯⋯⋯⋯⋯⋯⋯⋯⋯⋯

生徒の主体的な行動というより、指示された行動のように見受けられます。また、時間をかけて生徒の行動を見つめ、習慣化されたことが本人の成長につながっていることを記述したいものです。

⬤ 習慣に高めたことから人間性の成長を見取っている

　10分前登校はもとより、ゆとりを持って教室に入り、朝読書に取り組みました。机上の整理を先にして授業に臨んだり、教室移動を早めにしたりと、校訓の「時を守る」を意識して習慣としています。これをいつでもどこでも自分の姿勢としていこうとしています。

ここがピカイチ ☺ ⋯⋯⋯⋯⋯⋯⋯⋯⋯⋯⋯⋯⋯⋯⋯⋯⋯⋯

校訓「時を守る」を自覚し、自分の生き方としていこうとする生徒の成長に、教師も手応えを感じ取っていることがわかります。これは、「人間性」が涵養されていることを見取っていく手がかりです。

❷ 健康・体力の向上

［健康・体力の向上］の評価のポイント

　「健康・体力の向上」では、心身の健康の保持増進・体力の向上に努めたり、安全に活動したりして活力ある生活を送ろうとしているか、生徒の言動を観察します。

　次のような表れを評価していくことが考えられます。

● 病気・感染についての正しい知識を得て、自ら健康的な生活を心掛けている。
● 体育祭などの体育的行事に意欲的に取り組んでいる。
● 目標を持ち、積極的に部活動に取り組んで体力の向上を図っている。
● 体の状態を考えて、栄養バランスがとれた食生活を送っている。
● 習慣的に体を動かすなどで、心の状態も健康に保とうとしている。
● 友達と明るく和やかに接し、常に前向きな態度で生活している。
● うがい、手洗い、歯磨き、マスクの着用などの保健衛生習慣が身についている。
● ケガの予防に気遣う取り組みをしたり、ケガをしないように、安全に活動したりしている。

❶ 健康的な生活

健康的な生活を心掛けて生活できた生徒

⚠ 相対的評価で行動を記述している

　学校の感染防止指導を素直に受け入れ、毎朝登校前に必ず検温をして健康観察カードへ記録しました。最もしっかり続けてくれ、学級の仲間の模範となりました。また、手洗いやマスクの着用などを呼びかけるなど、保健係として責任を果たしました。

ここがイマイチ 😞 ‥‥‥‥‥‥‥‥‥‥‥‥‥‥‥‥‥‥

主体的に取り組んでいる姿を評価したいものですが、この例では、学校の指導にただ従っているように見えます。また、「彼が最もしっかり…」のように、相対的評価で認めていくことのないようにしたいものです。

⭕ 積極的・主体的に取り組んだ表れを評価している

　感染予防には、互いに健康管理をしていくことが大切だと考えて、進んで検温を記録し続けたり、マスクの着用、手洗い、消毒を行ったりしました。さらに、学級の仲間の健康も考えて、「保健だより」の作成や加湿器の管理など、保健係の仕事を協力して行いました。

ここがピカイチ 😊 ‥‥‥‥‥‥‥‥‥‥‥‥‥‥‥‥‥‥

この例では、みんなの健康的な生活を維持していくために、自分の健康管理から進んで取り組んだこと、学級全員の健康に向けて、仲間と協力して係の仕事に取り組んだ具体的な表れを記述しています。

❷ スポーツへの関心・意欲

体育祭でクラスを総合優勝へと導いた生徒

⚠ 結果のみを評価している

　体育祭の実行委員を買って出て、応援合戦のリーダーとして最優秀賞を取ったり、自らリレーのアンカーとして走り1位を取ったりと、学級対抗で我がクラスが総合優勝したのは彼の活躍に尽きます。今後も学級づくりに貢献してくれると期待します。

ここがイマイチ ☹ ………………………………………

結果だけを取り上げてほめすぎることは避けたいものです。結果をほめることよりも、その子の努力の過程、つまり、その子の変容を認めていくことで、生徒自身の振り返りへとつながります。

◯ 努力の過程を認めている

　体育祭の応援リーダーとして実行委員と共に応援方法を考え、声を出し応援しました。また、放課後にリレー練習をしたことが1位につながりました。学級対抗で総合優勝したことで、マラソン大会に向けてみんなで頑張ろうという気持ちがクラスに生まれました。

ここがピカイチ ☺ ………………………………………

いたずらにほめることなく、この結果は生徒の努力の成果であると認めています。そして、その子の努力した姿や思いから新しい目標がクラスの仲間に共有されたとして、さりげなくほめています。

❸ 体力の維持・増進

目標を持ち、努力を続けて成長を遂げた生徒

⚠ 決めつけ、根拠のない推測による表現

　野球部では、万年控えに甘んじてベンチを暖めていましたが、3年の夏季大会で与えられた代打の出番でヒットを打ち、周りを驚かせました。放課後に素振りを自主的にやっていたようで、頑張ってきたことが、最後に結果を出すことにつながったと思います。

ここがイマイチ ☹ ……………………………………………

生徒の地道な努力、そして、その努力が実を結んだ成果をほめたい気持ちはわかりますが、「万年控えに…」のような言い回しは避けるべきです。また、「〜ようで」という根拠のない推測による表現も避けるべきです。

⭕ 他の教師から得た評価を生かしている

　野球部の顧問から、いち早くグランドに来ては自主的に素振りをするなどの努力で力をつけたと聞きました。そこで、3年の夏季大会で代打を任せたところ安打を放ち、チームを勢いづかせたとのことです。地道な努力が今後も生かされることを期待します。

ここがピカイチ ☺ ……………………………………………

部活顧問から聞いた評価を材料に、根拠を持って生徒の努力を認めています。生徒が振り返る際に、大変勇気づけられるコメントになっています。行動の記録では、教師同士で互いに情報を得ることも大切です。

❹ 体づくりの関心・意欲

❚ 授業で学んだ知識を活用して部活動に励む生徒

⚠ 学習指導要領の言葉をそのまま使っている

　家庭科の学習で、中学生の1日に必要な食品の種類と概要がわかり、1日分の献立作成の方法について理解したことを、自分の食生活に生かそうとしました。特に、陸上の長距離走の選手として、必要な栄養バランスや摂取量を考えた食生活を送ろうとしました。

ここがイマイチ 🙁 ⋯⋯⋯⋯⋯⋯⋯⋯⋯⋯⋯⋯⋯⋯⋯⋯⋯⋯⋯⋯

家庭科の学習指導要領にある目標をそのまま使って、目標に準拠した評価を思わせるものになっています。生徒本人の理解や、それに呼応した具体的な表れを、日常生活から見出したいものです。

⭕ いろいろな観点で努力する姿を見取っている

　駅伝選手として走ることを目標に、家庭科の学習を生かし、長距離を走るために必要な食品の種類や摂取量を考えました。部活のミーティングでは、練習に応じた食事量、栄養のバランスのある献立を紹介し合って、チームの走力の向上につなげました。

ここがピカイチ 🙂 ⋯⋯⋯⋯⋯⋯⋯⋯⋯⋯⋯⋯⋯⋯⋯⋯⋯⋯⋯⋯

家庭科の学習で学んだことが、部活動を通して食生活に生かされていることが記述されています。部活の仲間と共に、走力（体力）を向上させようと、生徒がいろいろな観点から努力している姿を見取っています。

❺ 心の健康の維持

昼休みに仲間と球技をして楽しむ生徒

⚠ 誤解を与えかねない記述

　昼休みには、昼食をいち早く食べ終え、誰よりも早く体育館へ行って、毎日仲間とバスケットボールをして体を動かし、楽しみました。体力の向上だけでなく、日頃のストレスも発散することができたようです。

ここがイマイチ 😞 ....

毎日、友達とバスケットボールをして楽しんでいる様子が伝わります。しかし、昼食を疎かにしているように読み取れたり、学校で日頃からストレスを抱えていたりするようにも読み取れてしまいます。

⭕ 仲間と楽しく健康な生活を送る様子を記述

　昼休みには、仲間を誘って体育館で、球技をして楽しむ姿が見られました。運動が不得意な友達も楽しめるように、ルールを工夫して一緒に活動することができました。学級では、運動する習慣が高まり、心の健康を保つことにもつながりました。

ここがピカイチ 😊 ....

日々の学校生活の中で、仲間と楽しく運動することを通して、友達と和やかに生活し、心身共に健康な生活を送れている様子が読み取れます。また、ルールを工夫するなど、仲間を気遣う優しさも読み取れます。

❸ 自主・自律

［自主・自律］の評価のポイント

　「自主・自律」では、時と場に応じ適切な判断をし、目標に向かって進んで行動したり、様々な課題や困難があっても柔軟に粘り強く取り組んだりしているか、生徒の言動を観察します。

　次のような表れを評価していくことが考えられます。

● 自分の課題を克服しようと、目標や計画を立て、毎日実践している。

● 委員会活動で自分の仕事を遂行し、状況を判断して他の役割も担っている。

● 部活動での達成目標を立てて、空いた時間や活動内容を工夫して、自主的に練習を行っている。

● 身のまわりや公共の場が整っているか課題を見出し、工夫を加え改善しようとしている。

● 学校行事に向けた役割分担を進んで引き受け、内容を高めようと工夫して取り組んでいる。

● 話し合いやクラス全体の活動場面で、よりよくしようと考えて発言したり行動したりしている。

❶ 集団の一員としての自覚

集団生活の向上のため、積極的に行動した生徒

⚠ 抽象的な記述でわかりにくい

　クラスリーダーとして自分自身の役割をしっかりと自覚し、集団生活の向上を目指して、毎日大きな声で集団を引っ張り、皆から頼られる存在です。今後も一層の活躍を期待しています。

ここがイマイチ 😞 ⋯⋯⋯⋯⋯⋯⋯⋯⋯⋯⋯⋯⋯⋯⋯

コメントがやや抽象的です。保護者や生徒にどんな行動が評価されているのかが伝わるように、できるだけ具体的な言動を捉えて評価すると良いでしょう。

⭕ 具体的な行動の様子を記述している

　授業前後の挨拶や素早い教室移動を呼びかけたり、学年集会の企画・運営などに工夫して取り組んだりしました。そこでは、学級や学年の今ある課題を全体に伝え、改善策を提案するなど、リーダーとしての自覚ある言動が見られました。

ここがピカイチ 😊 ⋯⋯⋯⋯⋯⋯⋯⋯⋯⋯⋯⋯⋯⋯⋯

教師がその子の行動を観察することが大切です。ここでは、この生徒が「集団生活の向上のため、積極的に行動している」ことが、具体的な行動から見えてくるように記述しています。

2 目標・計画の実践

目標達成に向け、進んで行動に移している生徒

⚠ 担任教師の主観のみで評価している

　合唱コンクールでは、常に率先して集団をまとめ、すばやく練習に取りかかってくれました。合唱が苦手な友達にも積極的に声をかけて励まし、学級の団結力を高め、大いに助かりました。

ここがイマイチ 😞 ・・・・・・・・・・・・・・・・・・・・・・・・・・・・・・・・・・・・

「くれました」や「助かりました」など、担任教師のための行動表現となっています。生徒自身が目標達成に向かって粘り強く取り組んだ記述が求められます。

◯ 具体的な行動をもとに成長を認めている

　合唱コンクールでは、指揮者として課題を見つけ、皆で解決に取り組みました。音程のずれなどがあると指揮を止め、そこに焦点をあてて練習を繰り返し、良い合唱を目指しました。自ら指揮のより良い方法を上級生や部活顧問に教わりに行ったと聞いています。

ここがピカイチ 😊 ・・・・・・・・・・・・・・・・・・・・・・・・・・・・・・・・・・・・

教師がいつ、どの場面での行動を評価しているのかが具体的に見えてきます。また、同僚教師からもこの生徒の生活行動の情報を収集し、本人の成長を認めた記述となっています。

❸ 将来を見越した行動

広い視野を持ち、適切な判断や言動をとった生徒

⚠ 表面的な事実や教師の価値判断を書いている

　将来はユーチューバーになりたいとの斬新な希望を抱き、授業の課題作文に自分の強い思いを綴り、学級だよりにも将来の夢が紹介されました。同じ思いを抱く友達とも頻繁に情報交換をしています。

ここがイマイチ ……………………………………

単に夢を持ったことだけでなく、それに向かって努力する姿まで見取りたいものです。また、「斬新な」などの教師の価値判断による言葉は避けたほうが良いでしょう。

◯ 視野を広げて考えを深める様子がわかる

　ユーチューバーになるという将来の夢を発表しました。新しい職業だけに、どうやって収入を得るか、適性はどうかを現実的に考え、広く情報を集めていました。同じように新しい職業の夢を描いている友達とも話し合い、将来について考えを深めています。

ここがピカイチ 😊 ……………………………………

自分の夢の実現に向けて進んで情報を集め、可能性を現実的に探ろうと努力した姿がわかります。そして、視野を広げて、将来について考えを深めていることも伝わってきます。

4 協働作業への参画

友達や集団の取り組みに進んで協力し行動した生徒

⚠ 誤解を招く表現で記述している

　常に仲の良い友達と行動を共にし、部活動や教科係の活動にも互いに協力して取り組んでいます。部活の友達の悩みにも親身になって相談に乗ったり、仲の良い友達が欠席したときには進んで仕事を引き受けたりする行動も見られます。

ここがイマイチ 😞 ……………………………………

生徒の行動を肯定的に捉えた記述となっている一方で、この記述では「仲の良い友達」「部活の友達」との固定的・限定的な範囲での行動だと受け取られかねません。

◯ 多方面から生徒を捉えて評価している

　部活動では「県大会出場」の目標に向かって、ミーティングで自分の思いを部員に伝え、練習にも大きな声を出して励ましながら取り組みました。また、用具の点検にも気を配って、練習後には真っ先にメンテナンスに取り組んでくれたと友達から聞いています。

ここがピカイチ 😊 ……………………………………

教師の鋭い観察がこの生徒への温かい眼差しとなって表れ、目標達成に向けて取り組む生徒の姿を捉えて記述しています。また、他の生徒の声など、多方面から生徒を捉えようとしています。

5 自律と自制心ある行動

主体性を持ち、きまりを守って行動した生徒

⚠ 無理やり肯定的に評価している

　きまりを守ろうとする気持ちが強く、親しい友達にも「ルール違反」だと自分で判断すると、厳しい態度で守るように話していました。周囲に流されることなく自分の意志を貫き通す芯の強さが見られました。

ここがイマイチ 😞 ……………………………………………

生徒の行動を肯定的に捉えた記述となっていますが、この生徒の独善的とも思える行動を無理やり肯定的に捉え直して記述しているようにも受け取れます。事実に着目して評価することが大切です。

◯ 幅広く情報を得て評価している

　授業開始の2分前着席、部活動や清掃場所への移動を呼びかけなど、学年目標「時を守る」を心がけて学校生活をしています。友達の「進んで呼びかけをしてくれ、学級での生活がきびきびとひきしまった」との感想からも、皆から信頼されていることがわかります。

ここがピカイチ 😊 ……………………………………………

生徒が進んで行動し、しかもそれが生活の中で習慣化されていることを記述しています。また、他の生徒の感想など幅広く情報を得て生徒を認めている記述となっています。

❹ 責任感

［責任感］の評価のポイント

　「責任感」では、自分の仕事や行為について、自分で考えて動くことを心掛け、どのように責任を果たそうとしているのか、生徒の言動を観察します。

　次のような表れを評価していくことが考えられます。

- ●集団の一員として、自分の仕事を確実に果たす行動をしている。
- ●頼まれたことや約束事に対して、誠意を持って行動をしている。
- ●自分の課題に対して責任を持ってやりきろうと行動している。
- ●与えられた仕事に関して、最後まで責任を持って行動している。
- ●自分の言ったことを果たそうと、責任を持って行動している。
- ●自分のしたことについて、責任を持って対応している。

1 集団の仕事への誠実さ

▌集団内での役割を自覚し自分の仕事を全うする生徒

⚠ 曖昧で誤解されかねない記述

　体育大会の実行委員として、事前の準備では、スムーズに練習できるように、自ら進んで活動しました。当日は、体育大会が楽しく運営できるよう友達に声をかけることができました。

ここがイマイチ ☹ ……………………………………………

「スムーズに練習」などは曖昧で、生徒にも保護者にも具体的に何が評価されているかが伝わりません。また、「楽しく運営」についても、楽しいことだけを評価されているのかと誤解される表現です。

⬤ 教師が何を評価しているのか具体的に示した記述

　体育大会の実行委員として、教師や友達と相談をして、当日の開会式がスムーズに進行するように事前の準備を話し合いました。当日は、自分の仕事を果たした後も他の人の仕事についても気にとめて手伝い、最後までやり遂げました。

ここがピカイチ ☺ ……………………………………………

教師がその子の行動を観察し、何をどのように評価しているのが具体的に見えてきます。そして、この生徒が「どんなことをしていたのか」、評価した具体的な行動も記述できています。

2 約束への誠実な対応

頼まれたことや約束事に対して、誠意を持って行動した生徒

⚠ 生徒の行動を淡々とした感想として記述

　保健委員として、ケガや病気に気をつけて、常に明るく健康に学校生活が送れるように活躍しました。また、健康観察や清潔検査などを欠かさず行うことができました。

ここがイマイチ ・・・・・・・・・・・・・・・・・・・・・・・・・・・・・・・・・・・・・・

「活躍しました」などと淡々と書いていますが、行動の表れを心を砕いて観察すると良い記述になります。さらに、健康観察や清潔検査を行うことだけで係の責任を果たしていると感じさせます。

○ 生徒の行動が与えた影響にも触れている

　保健委員として、休み時間になるとこまめに窓の開閉をし、教室内の換気を徹底して行って教室環境を清潔に整えていました。また、食に関するポスターを作成し、本校生徒の食や健康に対する意識を高めようとしました。

ここがピカイチ ☺ ・・・

教師がいつ、どの場面での行動を評価しているのかが見えてきます。また、本人が行ったことを観察し、学校全体にどのような影響を与えているのかわかるように記述しています。

❸ 自分の課題の遂行

▌自分の課題に対して努力する生徒

⚠ 行動への生徒の表面的な捉え方を記述

　朝の会の当番の仕事で、「1分間スピーチ」をうまく発表できませんでした。そして、今の自分で満足だという内容でした。今後は、さらに自分に自信を持って行動をしていくことを期待します。

ここがイマイチ 😖 ・・・・・・・・・・・・・・・・・・・・・・・・・・・・・・・・・

行動の表面的な事実やその捉え方のみを記載しています。むしろ、今の自分で満足することなくさらにその次を示したいものです。そして、その子がどうしたか、どんな思いに至ったかを捉えて記述したいです。

⭕ 生徒の本音に対して適切な励ましを記述

　朝の会の「1分間スピーチ」では、自分はスピーチが苦手だと公に伝えました。さらに、その自分の苦手とすることについて今自分がどのように努力しているのかも具体的に発表しました。今後、その努力が実り、自分の行動に自信がもてることを期待します。

ここがピカイチ 😀 ・・・・・・・・・・・・・・・・・・・・・・・・・・・・・・・・・

「1分間スピーチ」の内容を詳細に記述しています。さらに、生徒が本音で発している言葉について、教師からの励ましの言葉が記述されています。

4 決められた役割の遂行

日直の仕事や清掃活動などに最後まで取り組む生徒

⚠ 一般的で表層的な行動のみを記述

　清掃のときに、班長として任された仕事に進んで取り組むとともに、責任感を持って最後まで確実にやり遂げることができました。また、時間いっぱいまで、真剣に清掃活動を行っていました。

ここがイマイチ 😞 ……………………………………………………

誰にでも通じる一般的で表だって見える行動面のみを書いてしまいがちです。しかし、何をどのように行っていたのか、生徒の様子をより具体的に見取って記述していくと良いです。

⭕ 温かい眼差しを持って行動を捉えている記述

　清掃のときに班長として、自分の分担だけではなく、班員の仕事の分担まで気を配って清掃の指示をしたり、手伝ったりしていました。また、床の隅々まで時間いっぱいみんなで清掃を行うなど、よりきれいにしようとして仕事を行っていました。

ここがピカイチ 😃 ……………………………………………………

教師の観察力がこの生徒への温かい眼差しとなって表れ、具体的な行動を記述しています。班長を中心として、真剣に清掃に取り組んでいる他の生徒の様子も伝わってきます。

5 言動への責任

自分の言動に責任を持ち行動する生徒

⚠ 生徒の真意が行動から見えてこない記述

　学級委員長として、クラス全体のことを考え、模範となって行動することができました。また、始業前の着席を呼びかけ、みんなを落ち着かせて生活することをリーダーとして意識していました。

ここがイマイチ ☹ ……………………………………………

「クラス全体のことを考え、模範……」「意識」の記述だと、実際にはどのように考えているのかわかりません。行動から真意が読み取れるように記述し、その子の成長を促す所見文にしたいものです。

◯ 実際の場面をもとに成長する姿を記述

　行事ではみんなのために先を考え計画的に行動していました。また、学級の話し合いをまとめたり、授業前の着席を呼びかけたりしていました。学級委員長として、クラスをよりよくしていきたいという思いを持って確かに行動する姿が見られます。

ここがピカイチ ☺ ……………………………………………

生徒がクラスをよりよくしようと進んで行動した姿を、実際の場面から捉えて記述しています。その結果、成長している姿を感じ取って教師が評価していることが伝わります。

❺ 創意工夫

［創意工夫］の評価のポイント

　「創意工夫」では、探究的な態度を持ち、進んで新しい考えや方法を見つけ、自らの個性を生かした生活を工夫しているか、生徒の言動を観察します。

　次のような表れを評価していくことが考えられます。

- 学習活動で身につけた知識・技能を深めたり、発展させたりしている。
- わからないことを友達や教師に積極的に尋ねたり、自分で調べたりして解決しようとしている。
- 学校や学級の生活がよりよくなるように、改善点や工夫を進んで考えて取り組んでいる。
- 創造的な発想力でテーマやスローガンを設定するなど、生徒会活動に貢献しようとしている。
- 自分の特技や個性を生かす場を見つけて積極的に活動している。
- 日常場面で課題を見つけ、課題の解決方法を考えて実践的に取り組んでいる。

❶ 探究的な態度

▌授業での学習内容を学校行事活動に生かしている生徒

⚠ 「主体的に学習に取り組む態度」と混同している

　「遠くまで真っ直ぐ転がる台車の作成」という課題で、台車の摩擦を減らす方法を話し合い、解決策を提案したり、台車を直進させるために車輪の形状や台車の重心の位置を工夫したりしました。何度も試行し改善を重ね、班で協力して課題を達成しました。

ここがイマイチ 😞 ･････････････････････････････････

理科での学習評価「主体的に学習に取り組む態度」と、行動の記録での「創意工夫」の所見文とは混同しがちです。ここでは諸活動等の学校生活全般に目を向けて、その子の良さを見取っていくとよいでしょう。

⭕ 生き生きと活動する生徒の姿が伝わる

　授業の中で自分の考えを持って意見を発表する姿勢はクラスの友達に好影響を与えています。文化祭のクラス展でも SDGs「エネルギーをみんなに　そしてクリーンに」をクラステーマにと提案し、自然エネルギーごとに班分けを行って調べることができました。

ここがピカイチ 😊 ･････････････････････････････････

学習活動での姿をもとに学校行事活動での取り組みに目を凝らすことで、生徒の「創意工夫」としての良さを発見しています。特別活動で生き生きと活動している生徒の姿が思い浮かびます。

❷ 生活の改善

｜毎日の清掃活動をよりよく改善した生徒

⚠ 生徒の具体的な改善の取り組みが伝わってこない

　毎日の清掃活動に積極的に取り組み、教室内の環境美化・維持に大きく貢献しました。清掃活動を通して、教室内をよりきれいにしていくために必要なことを考え、たくさんの工夫をしました。

ここがイマイチ 😣 ⋯⋯⋯⋯⋯⋯⋯⋯⋯⋯⋯⋯⋯⋯⋯⋯⋯⋯⋯

生活の場である教室の環境を改善していこうという学級としての取り組みは記述されています。しかし、この生徒の具体的な改善の内容、工夫が記述されていません。

⬤ 自発的に取り組み、工夫がわかる記述

　「限られた時間で教室をもっときれいにする」ことを目標にして、毎日の清掃活動に取り組みました。掃き方や机運びの順序などの工夫を考えたことで、時間内に教室の隅々まで気を配った清掃活動ができるようになりました。

ここがピカイチ 😊 ⋯⋯⋯⋯⋯⋯⋯⋯⋯⋯⋯⋯⋯⋯⋯⋯⋯⋯⋯

生徒が自発的に活動目標を立て、学校生活に臨んでいる様子が伝わってきます。さらに、具体的な工夫を実践して、生活を改善していく様子が読み取れます。

❸ 創造的な発想

校外研修のスローガンを発案した生徒

⚠ 「責任感」の表れと混同した記述

　校外研修の実行委員会で、実行委員の一人として研修のスローガンを考えました。過去の例を参考に委員会のメンバーと話し合い、独自性のあるスローガンを作成することに努めました。

ここがイマイチ ☹ ……………………………………………………

特別活動を取り上げていますが、この生徒の「創意工夫」としての行動面の見取りが乏しいために、行動の記録での「責任感」の表れとも読み取れます。

⭕ 生徒の「個」の良さを見取った記述

　校外研修「地域を歩く」の実行委員として、「地域の人と交流する」という目的を踏まえ、研修の標語を考え合うことができました。委員会のメンバーと何度も話し合い、独自性のある標語「訪ねて　尋ねて　古里巡り」となったのは、彼のアイデアです。

ここがピカイチ 😊 ……………………………………………………

特別活動は、多くの生徒が協働的な活動をしていますが、個の良さが見えるときです。ここでは、この生徒の活動の様子に焦点を当てて記述しています。特別活動は、日頃からの教師の見取りが生きてきます。

❹ 特技や個性の発揮

▌クラス合唱を工夫によって支えた生徒

⚠ 取り組みの様子だけで工夫が見えてこない

　校内合唱コンクールでは、ピアノ伴奏者として、リーダー的役割を果たすことができました。合唱を苦手としている友達に寄り添い、ピアノで音程をリードする姿が印象的でした。

ここがイマイチ 🙁 ……………………………………………

学校行事の一つである合唱コンクールに向けた練習での一場面を切り取っています。この生徒の特技を生かした取り組みは伝わってきますが、肝心の「創意工夫」の様子は読み取れません。

⭕ 個性を生かした工夫の様子が書かれている

　校内合唱コンクールでは、特技のピアノ演奏を生かして、学級をまとめました。音楽の記号がわからないという声に耳を傾け、模造紙に歌詞を書き写し、そこに息継ぎや強弱のタイミングなどを色分けしたり、マークを書き加えたりして示す工夫をしました。

ここがピカイチ 😀 ……………………………………………

ここでは生徒の個性的な工夫の様子が記述されています。自身の特技を発揮して、クラスメートの声に耳を傾けて工夫した取り組みの様子を見取ることができます。

5 問題解決への姿勢

■ 識字が苦手な人が快適に生活できる工夫をした生徒

▲ カタカナ語を多用していてわかりにくい

　文字での理解を苦手とする人たちへのサポート・リソースが不足している現状に課題意識を持ちました。そこで方法や手順などを自作のアイコンを組み込みながらフローチャート化することができました。

ここがイマイチ ……………………………………………

「サポート・リソース」や「アイコン」「フローチャート」のように、カタカナ語を多用した評価文となっており、保護者が生徒の表れを具体的に読み取ることができません。

○ 平易な言葉でわかりやすい

　図書の借り方を示した案内文の意味が理解できず、困っている人の姿に問題意識を持ちました。そこで、識字の苦手な人でも手続きできるようにするため、得意のイラストを生かして図式化し、理解しやすい案内文を作ろうと努力しました。

ここがピカイチ ☺ ……………………………………………

生徒が課題を発見した様子から解決へ向けた具体的な試みまで、学校生活での表れを、平易な言葉を使って記述しています。生徒の活動に目を向けて、保護者に伝わるようになっています。

❻ 思いやり・協力

［思いやり・協力］の評価のポイント

　「思いやり・協力」では、対話や協働を通し、他者の思いに気づいたり、自分自身を見つめ直したりしているか、広い視野と受容の精神をもとに、状況に応じて相手を思いやりながら行動しているか、生徒の言動を観察します。

　次のような表れを評価していくことが考えられます。

- 相手の表情や言動から、思いを汲み取った行動をしている。
- 多様な他者と関わりを持ち、より良い関係を築こうとしている。
- 目標や目的を理解し、仲間と協働し、その達成に向けて努力している。
- 今の自分を築き、支えている多くの人々の存在に気づき、感謝の気持ちを持っている。
- 広い視野で物事を見つめ、多様な考え方を受け止めながら、自分自身の考えを深めようとしている。
- より良い人間関係づくりのために、対話を通した解決の大切さに気づき、実践している。
- 相手の立場に立って自分の行動を分析し、互いが気持ちよく生活するための行動をとっている。

❶ 感謝の気持ち

┃ 感謝の気持ちを持ち思いやりのある行動ができる生徒

⚠ 憶測に基づいた記述

　　見守りボランティアの方が、自分たちを見守るために寒い日も暑い日も朝早くから通学路に立っていてくれる大変さとありがたさに気づいたようです。その気持ちに応えるために、これからは感謝の気持ちを込めて自分から挨拶しようとしていました。

ここがイマイチ 😞 ⋯⋯⋯⋯⋯⋯⋯⋯⋯⋯⋯⋯⋯⋯⋯⋯

「〜ようです」「しようとしていました」など、憶測での表現となっています。生徒の些細な言動や聞き取りなどをもとにした確かな記述にすると、生徒自身の振り返りのきっかけとなっていくでしょう。

⭕ 生徒の感謝の気持ちををわかりやすく記述

　　毎日通学路に立っているボランティアの方の優しい笑顔や励ましの一言で元気をもらい、安全に登校できていることに気づくことができました。そして、自分から元気に挨拶することで感謝の思いを伝えることができたと、自分の行動を振り返っていました。

ここがピカイチ 😊 ⋯⋯⋯⋯⋯⋯⋯⋯⋯⋯⋯⋯⋯⋯⋯⋯

地域の方々が自分たちの生活を陰で支えてくれていることに日々の関わりから気づき、「挨拶」に感謝の思いを込めようとした行動から、生徒の気持ちを見取っています。

2 相手の立場に立った行動

相手の気持ちを汲み取って行動できる生徒

⚠ 生徒の人格に頼り切った記述

　落ち込んでいる友達を元気にしようと明るく声をかけ、寄り添ってくれました。普段から学級の心配事を教師に伝え、課題を明確にしてくれています。優しい気配りに支えられている生徒も多く、私も頼りにしています。

ここがイマイチ 😞 ···

「私も頼りに」は対面で伝えることです。一方、所見文は、記述で生徒の成長を伝えるものです。そこに教師が何らかの形で関わっている支援・指導のあとが見えず、生徒の人格に頼る内容となっています。

○ 相手を気遣う様子をわかりやすく記述

　元気のない友達には声をかけ、力になろうとしました。相手が話したがらないと気づくと、教師に相談し、寄り添う優しさが大切であるという助言をもとに対応しました。教室移動の際はさりげなく一緒に行動したり、笑顔を絶やさないように努めたりしています。

ここがピカイチ 😊 ···

友達のことを心配し、相手を気遣いながらその子のために自分にできることは何かを考えている姿勢が伝わってきます。また、そこに教師の関わりがあり、より良い方向に導いていることも感じ取れます。

❸ 話し合いの尊重

話し合いで決定したことを実践しようとする生徒

⚠ 生徒自身の変容が伝わってこない記述

　合唱練習がうまくいかない理由を話し合い、練習の方法を見直しました。パートリーダーとして全員が意見を発言できるよう、司会を務め、まとめようとしました。また、みんなで話し合った意見を実践できるよう努力する姿が見られました。

ここがイマイチ 😞 ………………………………………………

リーダーとしてより良い話し合いとなるように取り組んでいる過程は伝わってきますが、羅列的でこの話し合いによる生徒自身の変容がつかめません。

⭕ 話し合いで課題をつかんだ様子を記述

　合唱練習では、練習時間をどう確保するのか、クラスの課題として話し合いました。そこで、パートリーダーとして、練習の指示を具体的に出したり、早めに準備をしたりすることで、時間を無駄にしない効率の良い合唱練習ができるように努力しました。

ここがピカイチ 😊 ………………………………………………

話し合いで決まったことを実践するだけでなく、課題を解決するために試みたことを具体的に記述しています。また、話し合いによって課題をつかみ、パートリーダーとして進んで行動している様子が伝わります。

❹ 豊かな人間関係

励まし合い、高め合える人間関係を築ける生徒

⚠ 具体的な変容がわかる行動が書かれていない

　本当の友達とは、相手のことを考えて行動できる仲間であり、間違った判断をしているときは、たとえ言いにくいことでもはっきり伝えることが大切だと感じ取りました。そうした関係を築くには、何事もはっきりと発言していくことが大切だと考えました。

ここがイマイチ 🙁 ⋯⋯⋯⋯⋯⋯⋯⋯⋯⋯⋯⋯⋯⋯⋯⋯⋯

「特別の教科　道徳」での振り返りのようにも感じられる表現です。生活の中で、どのような出来事を通し、何を考え、感じ取り、行動へと移していったのか、行動の記録として残しておくことが大切です。

⭕ 成長していく行動の記録となっている

　定期テストに向けて、ＳＮＳの頻繁なやり取りが勉強の集中力を削いでしまっていることを友達と話し合い、スマートフォンの使用時間や時刻についての具体的な約束をしました。互いに励まし合いながら、計画的に学習を進めることができました。

ここがピカイチ 😊 ⋯⋯⋯⋯⋯⋯⋯⋯⋯⋯⋯⋯⋯⋯⋯⋯⋯

生徒間のすれ違いの状況を具体的につかみ、生徒自身による解決へと導く指導の様子が簡潔に伝わってきます。生徒が互いに問題に関わり、支え合う姿を記録に積み重ねていきましょう。

5 地域の人々との交流

地域の活動に参加し、関わりを深めようとする生徒

⚠ 否定的な言い回しで表現している

　防災訓練に参加し、炊き出しや避難所の準備など指示されたことに従って取り組みました。元気に動き回る幼児に優しく声をかけ、運営の邪魔にならないように外に誘うなど、避難所で中学生に求められる行動を考えながら訓練に関わることができました。

ここがイマイチ 😞 ‥‥‥‥‥‥‥‥‥‥‥‥‥‥‥‥‥‥‥

体験から生徒が何を考え、どう行動したか、具体的に書いていますが、「従って」「邪魔にならないように」など、否定的な言い回しは避けたいものです。また、簡潔にまとめることも大切です。

○ つぶやきから今後に生かす意欲も見取っている

　地域防災訓練に参加し、地域の大人に混じって消火活動を行い、報告会では初期消火の方法を説明しました。避難所準備や体験活動を行いながら会話することで、地域の人との距離も縮まり、いざというときに協力し合えるつながりができたと安心していました。

ここがピカイチ 😊 ‥‥‥‥‥‥‥‥‥‥‥‥‥‥‥‥‥‥‥

生徒が地域住民の一員として防災訓練に参加し、共に行動している様子がわかります。そこで、何を求められているのかを考え、災害発生時を想定し、今後に生かそうとする意欲がわかる表現です。

❼ 生命の尊重・自然愛護

［生命の尊重・動物愛護］の評価のポイント

　「生命の尊重・動物愛護」では、自他の生命を大切にするとともに、動植物の生命も尊重し愛情を持って接することができているか、自然に対する畏敬の念や関心を持って自然界との関わりを深めようとしているか、環境問題や平和への関心を持っているか、生徒の言動を観察します。

　次のような表れを評価していくことが考えられます。

- 自他の生命や存在の尊さに気づいて敬意を払った言動をしている。
- 動植物の生命を尊重し、関心や愛情を持って接している。
- 花壇への水やりや草むしり、教室内にある花や観葉植物などの世話などに取り組んでいる。
- 自然界にある美しいものや気高いものに感動し、多様な形で表現している。
- 環境問題の解決や改善に向けて、節電やごみの分別など自分にできることに取り組んでいる。
- 歴史を正しく理解し、平和の大切さについて深く理解しようとしている。

❶ 自他の生命の尊重

❚ 自他の生命を大切にする言動ができる生徒

⚠ 他人事のように感じられる記述

　いつも周囲に気を配り、係の仕事など大変そうな仲間の手伝いをしてくれるので、とても助かっています。また、部活動においても後輩に優しく指導してくれているようなので、感心しています。

ここがイマイチ 😞 ………………………………………………

この記述では、生徒の主体的な行動というより、指示された行動のように見えます。「してくれているようだ」という表現も、間接的で他人事のような印象を与えてしまう危険性があります。

⭕ 生徒の様子を丁寧に観察した記述

　委員会や係の仕事では、進んで声をかけて、仲間を手伝う姿が見られました。部活動でも、仲間や後輩の努力している姿を認めて、丁寧な言葉でほめたり助言したりしています。こうした言動から周りの人々を大切にしていることが伝わってきました。

ここがピカイチ 😊 ………………………………………………

教師が生徒の様子を丁寧に観察して、教室や部活動での言動を認めていることがわかります。また、担任と部活動顧問など、教師間で生徒の情報を共有していることも伝わってきます。

2 動植物の生命の尊重

植物に愛情を持って接することができる生徒

⚠ 担任のための行動と思われかねない

　係として毎朝、教室内の観葉植物に水やりをしてくれています。また、定期的に花を持ってきてくれるので、とても助かります。植物の世話をした後に、花の様子を報告してくれる姿に愛情を感じます。

ここがイマイチ ・・・・・・・・・・・・・・・・・・・・・・・・・・・・・・・・・・・・

「係として」「してくれています」「助かります」は、担任のために行動したように受け取られる可能性があります。生徒の植物への愛情が伝わるように本人が進んで行動した表れを記述すると良いでしょう。

○ 生徒の植物への愛情が伝わる

　学級花壇に苗を植える作業には、いつもボランティアとして参加し、花の種類や配置を考えながら丁寧に植えました。清掃の時間でも学級花壇の草取りや水やりに黙々と取り組み、植物に愛情を注いでいることがわかりました。

ここがピカイチ ☺ ・・・・・・・・・・・・・・・・・・・・・・・・・・・・・・・・・・・・

教師が生徒の行動を見守り、生き物への優しさを認めていることがわかります。具体的な場面や生徒の行動を伝えることで、読み手である家族に伝わる記述となっています。

❸ 自然への関心

自然界の美しさに感動することができる生徒

⚠ どんな場面を評価したのかわからない

　日常生活の中で、自然の美しさや力強さに感動する純粋な心を持っています。今後も自然に関心を持ち、季節の移り変わりや作物の成長などに気づくことができる人でいてください。

ここがイマイチ 😞 ……………………………………

生徒がどのような場面で自然の美しさに感動したのか、具体的な場面を記述したいものです。また、自然への関心の高さを伝えるためには、場面と具体的な行動を示すことが大切です。

⬤ 生徒の純粋な心を具体的場面から見取っている

　登下校中に目にする風景や草花の美しさに感動したことを話したり、日記で報告したりしています。また、校外活動でも新芽の芽吹きや作物が実っていく様子、季節の変化に目を向けるなど、自然の恵みを感じ取っていることが活動報告から伝わってきました。

ここがピカイチ 😊 ……………………………………

教師が日ごろから生徒とよく話をしていることがわかり、信頼関係ができていることが伝わってきます。具体的な場面、様子から生徒の素直で純粋な心を見取って記述しています。

❹ 環境問題への関心

環境問題の回復に向けて、自ら行動できる生徒

⚠️ 誰にでも当てはまる無難な表現

　環境問題に目を向けて必要なことについて考えました。その中で、省エネや節電など、普段から自分自身にできることを実践していくことが大切だと気づくことができました。

ここがイマイチ 😞 ┄┄┄┄┄┄┄┄┄┄┄┄┄┄┄┄┄┄┄┄┄┄

「考え」「気づいた」ことの記述だけでなく、実践している表れを見取っていきたいものです。誰にでも当てはまる内容ではない、本人の具体的な行動を見出すことが大切です。

⭕ 実践している姿を見取り、評価している

　環境問題への関心が高く、日ごろから自分ができることは何かと考え、教室の電気をこまめに消したり、ごみを分別して捨てたりすることを心がけていました。この行動が、周囲の仲間たちにも良い影響を与え、多くの実践につながっています。

ここがピカイチ 😊 ┄┄┄┄┄┄┄┄┄┄┄┄┄┄┄┄┄┄┄┄┄

生徒の行動を観察し、具体的に実践している姿を見取って、環境問題への関心や行動力を評価している記述となっています。周囲に良い影響を与えていると認めたことは、本人の自信にもつながっていきます。

❺ 平和や生命の尊厳の理解

┃「生命の尊厳」について深く考えることができた生徒

⚠ 生徒が思考をまとめた過程がわからない

　「臓器提供」をテーマにした学習において、命についての考えを堂々と発表することができました。自らの臓器提供には抵抗はないが、家族の臓器提供には抵抗を感じていると発言していました。

ここがイマイチ ☹ ⋯⋯⋯⋯⋯⋯⋯⋯⋯⋯⋯⋯⋯⋯⋯⋯⋯

自身の考えをまとめ、発表したことを評価し記述していますが、生徒が「生命の尊厳」についてどのように考えたのか、その深さがわかる行動を見取って、記述すると良いでしょう。

⚫ 葛藤しつつも真剣に考えたことがわかる

　「臓器提供」をテーマにした学習では、臓器提供を待つ人やその家族に思いを馳せて考えることができました。一方、自分たちが臓器提供することへのためらいにも理解を持ちました。そして、自分の意志をどう示しておくか、深く考え続けています。

ここがピカイチ ☺ ⋯⋯⋯⋯⋯⋯⋯⋯⋯⋯⋯⋯⋯⋯⋯⋯

ここでは明確な結論を導き出すことよりも、生徒がそれぞれの立場の人々の思いを理解し、その間で葛藤しながら「生命の尊厳」について真剣に考えたことを評価しています。

❽ 勤労・奉仕

［勤労・奉仕］の評価のポイント

　「勤労・奉仕」では、勤労の尊さや意義を理解して望ましい職業観を持ち、進んで仕事や奉仕活動をしているか、生徒の言動を観察します。

　次のような表れを評価していくことが考えられます。

● ボランティア活動等を通し、ボランティアの意義や尊さを理解して行動しようとしている。
● 将来働くための自己の能力や適性を知り、希望する進路を実現しようとしている。
● 清掃活動等の諸活動を通して、役割に応じて働くことの意義や喜びを感じ取っている。
● 地域社会の一員として積極的に地域への奉仕・勤労活動に取り組み、公共のために努力している。
● 職業体験等に参加したり、世の中の仕組みを考えたりして、将来働くことで社会のために役立とうとしている。

❶ 奉仕精神の理解

▌福祉体験から社会福祉に目を向け行動した生徒

⚠ 生徒の道徳性を評価してしまっている

　福祉体験では、介護施設で説明を受けたり、実際に体験をしたりして、介護の大変さを知ることができました。また、そのことをこれからの生活に生かしたいなど人を思いやる優しい心が育ったと思います。

ここがイマイチ 😖 ⋯⋯⋯⋯⋯⋯⋯⋯⋯⋯⋯⋯⋯⋯⋯⋯⋯

「優しい心が育った」という記述は、道徳的心情であり、目に見えない内面的資質を表します。内面的資質である道徳性は、容易に判断できるものではなく、道徳科の評価でも行いません。

⭕ 福祉体験が学校生活で生かされたことがわかる

　福祉体験ではアイマスク体験に参加し、視覚障害者や介助者の立場を考えることができました。この体験をきっかけに身近な場所で困っている人に声をかけたり、教室の整頓をしたりするなど「支え合うという福祉の心」を持って行動する姿が見られました。

ここがピカイチ 😊 ⋯⋯⋯⋯⋯⋯⋯⋯⋯⋯⋯⋯⋯⋯⋯⋯⋯

体験から奉仕について理解し、考えたことをきっかけとし、学校生活の中に生かしていった行動を見取っています。また、体験で学んだ言葉である「支え合うという福祉の心」が共有され、理解が深まります。

2 望ましい職業観

職業体験学習を通して、自分の進路に見通しを持った生徒

⚠ 特活や総合の評価になってしまっている

　職場体験では、積極的にインタビューしたり、見学をしたりして、事業所について、丁寧にレポートにまとめることができました。また発表では、自分の進路に関わる内容をわかりやすく説明することができました。

ここがイマイチ 😞 ···

職業体験の学習の様子を表した特別活動や総合的な学習の時間の評価となってしまっています。体験を通して、自己の能力・適性を考える様子、将来に向けた行動の表れを捉えていきたいものです。

⭕ 振り返りの中から目標を立てたことがわかる

　職場体験の報告会では、会社の人が自分のことだけではなく会社全体のことも考えて仕事をしていることに気づいたと述べていました。また、自分には挨拶など基本的な生活態度や根気強さが足りないので身につけたいと発表し、進路に前向きな姿勢が見られます。

ここがピカイチ 😊 ···

実際に体験したことで生じた「働くこと」に対する生徒の考えの変化を報告発表の中で具体的に読み取っています。さらにこれからの進路に向けて立てた行動目標を、担任として温かく受け止めています。

❸ 身近な生活での勤労・奉仕

清掃活動等で役割分担を果たそうとした生徒

⚠ 安易に生徒の人格に触れて書いている

　最初は、あまり乗り気ではなかった清掃や部活動の準備・片付けでしたが、その仕事ぶりが周囲の人からもほめられることによって、性格も見違えるように変わっていきました。家庭でも何か役割を持たせていけるといいですね。

ここがイマイチ 😞 ⋯⋯⋯⋯⋯⋯⋯⋯⋯⋯⋯⋯⋯⋯⋯⋯⋯⋯

「あまり乗り気でない」「性格も見違える」といった人格に関わるような記述が気になります。人格についての安易な記述でなく、行動の変化を具体的に見取り、表現・助言していくと良いでしょう。

⭕ 行動の変化を見取り、適切に励ましている

　部活動の準備・片付けで、自分の分担を理解して役割を果たしています。周囲からその仕事ぶりをほめてもらったり、成果を実感したりしたことで、生き生きと取り組むようになったと顧問の先生から聞いています。何事もこの姿勢で取り組むことを期待しています。

ここがピカイチ 😊 ⋯⋯⋯⋯⋯⋯⋯⋯⋯⋯⋯⋯⋯⋯⋯⋯⋯⋯

与えられた役割分担を小刻みにこなしていくことで得られる達成感や満足感、さらに行動の変化の様子を顧問教師によって見取られたこと、さらに担任からの後押しは生徒の自信につながっていくでしょう。

4 公共活動の実践

地域活動に参加し、満足感を味わった生徒

⚠ 教師の推測や憶測による感想としての記述

　○○川堤防の奉仕作業や地域防災訓練に参加してくれ、暑い中で一生懸命汗をかいて取り組んでくれました。特にごみ拾いや炊き出しは、量も多く大変だったと思いますが働き甲斐を感じたことでしょう。

ここがイマイチ 😞 ·····································

「量も多く大変だった」「働き甲斐を感じた」というような推測・憶測による記述は、生徒にとっても保護者にとっても、本当に生徒のことを思って書いているのかと不安に思われる表現です。

◯ 的確な情報を基に成長を見取った記述

　地域防災訓練に参加し、炊き出しの役割を担い、周囲の大人とコミュニケーションを図り、手際よく取り組んだことが参加カードの返信から伺うことができました。また、「地域社会の中で自分の出番が必ずある」という振り返りの言葉に大きな成長を感じます。

ここがピカイチ 😊 ·····································

参加カードの返信、生徒の振り返りの言葉から具体的な事実や活動の様子を情報として収集しており、それらに基づいて子どもの成長を読み取っていることがわかります。

❺ 奉仕活動への参加

校外ボランティアに継続的に取り組んでいる生徒

⚠ 専門的な教育用語による記述

　校外ボランティアに継続的に取り組むなど奉仕の精神が身についています。さらにボランティア活動は、社会的な課題や社会の現状を学ぶことで社会性が養われます。これからも自主的、自発的な取り組みを期待しています。

ここがイマイチ 😞 ……………………………………………

専門的な教育用語を用いたり、説明にとどまったりしている記述は、生徒や保護者にはピンときません。生徒の具体的な取り組みや成長が見られるようなわかりやすい言葉遣いを心掛けたいものです。

⬤ 具体的な発言を交えて成長を伝える記述

　図書館ボランティアに参加して3年目になり、「社会の裏方役となり、支えることの満足感を味わった」という言葉を体験発表で聞くことができました。「自分に役立てることがあればやっていく」の言葉通り、これからのボランティア活動にも期待しています。

ここがピカイチ 😊 ……………………………………………

継続的、積極的なボランティア活動への参加の様子と生徒の使用した言葉を用いることによって、その成長の表れを子どもとも保護者とも共有することができる記述となっています。

❾ 公正・公平

［公正・公平］の評価のポイント

　「公正・公平」では、正と不正を見極め、誘惑に負けることなく公正な態度がとれているか、差別や偏見を持つことなく公正に行動しているか、生徒の言動を観察します。

　次のような表れを評価していくことが考えられます。

- 他者の意見の相違を受け入れ、自ら考えてより良い行動をしている。
- 誘惑に負けず、友達に対しても毅然として適切に忠告している。
- 性別、年齢、職業、能力、国籍等に関わらず、分け隔てなく公正・公平に接している。
- 集団の中で、お互いの個性を理解、尊重して生活している。
- 社会の中での不正、不公平な問題を発見し、苦しむ人々に手をさしのばす方法を考えている。

1 意見の相違を受容

▌友達の意見を聞き、より良い行動をした生徒

⚠ 人におもねって自分の判断が感じられない

　清掃活動では、仲の良い友達に指摘されたことを素直に聞き入れ、すぐに教室の隅々まできれいにしました。このように正しいと思ったことには、いつも真剣に取り組んでいたように思います。

ここがイマイチ 😞 ……………………………………

「言われたから行動した」というような唯々諾々とした印象が生徒にも保護者にも伝わってしまいます。また、「正しいと思ったことには、いつも」は、行動内容が不明瞭な表現となります。

⭕ 友達の考えにも耳を傾けたことがわかる

　清掃活動では、校内をきれいにしたいという思いを持って友達と話し合い、より良い方法を考えて実践することができました。自分の考えだけでなく、友達の考えにも耳を傾けて、清掃方法の工夫を取り入れていった姿に感心しました。

ここがピカイチ 😊 ……………………………………

生徒が自分の意見を持っていたことをまず理解しています。さらに、この生徒が自分の考えにこだわらず、友達の考えを聞き入れて、さらに良い工夫へと考え直していったことがわかるように記述しています。

❷毅然とした態度

どの友達にも同じように声かけをしていた生徒

⚠ 教師自身が助けられたことを伝えてしまっている

　「落ち着いて授業に臨む」が６月の学級目標でした。始業前にはきちんと席に着き黙想をするように、学級委員として率先して模範を示しました。そのため授業をスムーズに始めることができ、落ち着いて進めることができました。

ここがイマイチ 😞 ……………………………………………

この例は、生徒の公正な行動の評価というより、責任感や教師が助かったことを伝える文になっています。生徒の毅然とした態度が保護者にも具体的に伝わるように記述したいものです。

◯ 行動を具体的に捉え、成果を伝えている

　６月の学級目標「落ち着いて授業に臨む」では、始業３分前着席や１分間の黙想をすることをみんなで決めました。クラスの一員として範を示し、どの友達にも毅然として声かけをしました。みんなが授業に集中して取り組むようになり、目標を達成できました。

ここがピカイチ 😊 ……………………………………………

学級委員としての立場からとった行動というだけでなく、この生徒自身の公正な判断、行動として捉えて具体的に記述しています。そして、学級みんなで目標に向かった行動となったことを認めています。

❸ 公正・公平な姿勢

▌どの友達とも分け隔てなく接する生徒

⚠ どこで何をしたのか具体的な様子がわからない

　2年生になり、委員会活動や部活動では、下級生の面倒をよく見ています。また、学級でも男女問わず、同じように接する姿が見られました。今後もこのような姿勢で生活していくことを期待します。

ここがイマイチ ☹ ……………………………………………………

様々な場面を取り上げ、公平に接していることを評価しようとしています。しかし、場面を明らかにしてどのような行動をしたのかを記述するとより良いでしょう。

⭕ 場面を明らかにして記述

　2年生になり、用具の片付けの仕方で困っている新入生にも声をかけていました。また、学級活動では男女が共に活動できるように、どちらの意見も尊重して折衷案を考えるなど、公平さを保とうとしている姿勢が見られました。

ここがピカイチ ☺ ……………………………………………………

特定の場面での活動を具体的に記述することで説得力が増し、教師が生徒をよく見て大切にしていることが伝わってきます。これが、生徒や保護者の信頼を得ることにもつながっていきます。

4 互いの個性の尊重

友達の良さに気づき、認めていた生徒

△ 人ごとのように感じられる

　体育大会のどの種目に誰が参加するのかを、生徒の中心となって決めました。そして体育大会後の感想では、「みんなも頑張って取り組んでいた」などといった記述があり、友達の頑張りを見つけることができたようです。

ここがイマイチ ……………………………………………

この所見文は、どことなく人ごとのような印象を受けます。感想の記述から読み取ったことだけでなく、実際の生徒の行動面での表れと共に評価したいところです。

○ 一連の活動の中で生徒の良さを見取っている

　体育大会では、運動の不得意な生徒も活躍できるように、それぞれの良さを見出して種目を決め合いました。また、競技中も友達の頑張っている姿を見つけては声援を送っていました。大会の後の感想にも、友達それぞれの良さがたくさん書かれていました。

ここがピカイチ 😀 ……………………………………………

一連の活動の流れの中で生徒のよさを捉え、記述しています。このように生徒の良さの発露を一つ一つ見取っていくことで、生徒の成長を促す所見文となるでしょう。

5 社会問題への関心

校内生活の課題を見つけ、解決策を考えた生徒

⚠ 生徒の成長の様子がイメージしにくい

　学校の廊下や教室にごみが落ちていることを気にかけ、学校のみんなが気持ちよく生活できるようにしたいと考えたようです。そして、そのことを全校で取り組む活動へと発展させようと生徒会に提案できました。

ここがイマイチ 😟 ………………………………

生徒が学校生活を通して、成長していったことがイメージされるように記述したいものです。そのためには、行動面の目先の表れだけに注目するのではなく、以前の生徒からどう成長したのかを見取ることが鍵です。

⬤ 成長していく過程がリアルに伝わる

　日頃から廊下や教室のごみをだれも拾わないことを気にかけていました。そこで、学校全体で何とかしていきたいと考え、生徒会に「ごみ０作戦」を提案しました。反対意見の人も説得して、全校でのごみ拾い活動へと発展させることができました。

ここがピカイチ 😊 ………………………………

生徒が成長していく様子を記述しています。生徒自身が自分の学校の問題を見つけ、学校をより良くしていこうとする取り組みを評価していることがわかります。

❿ 公共心・公徳心

［公共心・公徳心］の評価のポイント

　「公共心・公徳心」では、法やきまりを守り、社会を構成する一員としてより良い社会づくりに参画しているか、さらに、地域や日本の伝統と文化に誇りを持ち行動しているか、日本や世界の諸問題に関心を持ち行動しているか、生徒の言動を観察します。

　次のような表れを評価していくことが考えられます。

- 法律やきまりを理解し、進んで規則を守っている。
- 社会や学校のルールやマナーを守り、周りの人に迷惑をかけない生活ができている。
- 社会や学校・学級の一員である自覚を持ち、より良い社会や学校・学級を築こうと努力している。
- 地域行事や日本の伝統と文化に誇りを持ち、各種行事に参加するなど継承に努めている。
- 日本や世界の諸問題に関心を持ち、自分たちにできることは何か考え行動している。

❶ きまりの理解と遵守

きまりを守り、進んでゴミを拾う生徒

⚠ きまりに従う態度しか書かれていない

　特別教室での学習終了後、机上の消しゴムかすを片付けるなど、特別教室のきまりを守って生活している姿が見られました。誰もが早く移動したい中、きちんと学校のきまりに従う態度に感心しました。

ここがイマイチ 😞 ･･････････････････････････････････

約束を守ることをほめるのはとても大事ですが、その意味や主体性に迫れるとより良いでしょう。なお「特別教室」は、保護者にはわかりにくいかもしれません。わかりやすい名称を使いたいです。

⭕ 具体的なエピソードを交えて評価している

　学校図書館での学習後、机上に残る消しゴムかすを拾う姿を次の授業の先生が見かけ、「おかげでいつも気持ちよく授業ができる」と報告してくれました。学校図書館の使い方のきまりを守ることを習慣としていることで、人に喜ばれていることを実感できました。

ここがピカイチ 😊 ･･････････････････････････････

同僚教師がほめていたエピソードを盛り込むことで、具体性が出ています。見逃しがちな行動ですが、本人が思っている以上に意味のあることだと認めています。

❷ 社会のルールやマナー

■ ルールづくりで自分の考えを主張する生徒

⚠ どの言動を評価したのかがわからない

　宿泊訓練の実行委員として、放課後の話し合い、学級活動の司会など積極的に活躍していました。実行委員たちのおかげで、ルールを遵守した楽しい2泊3日の活動ができました。

ここがイマイチ 😞 ⋯⋯⋯⋯⋯⋯⋯⋯⋯⋯⋯⋯⋯⋯⋯⋯⋯⋯

「積極的に活躍し」「おかげで」では、生徒や保護者から見て、具体的な場面が浮かびません。担任の先生が自分のどの言動を評価してくれているかがわかるように書きたいものです。

⭕ 具体的な言動を評価したことがわかる

　宿泊訓練のルールづくりの話し合いでは、体調が悪い人の気持ちなども考慮して就寝時刻を考えたらどうかと意見を述べました。いろいろな立場の人のことを考えて、周りの人に気を配って生活し合うことを、意見を通してみんなが意識するようになりました。

ここがピカイチ 😃 ⋯⋯⋯⋯⋯⋯⋯⋯⋯⋯⋯⋯⋯⋯⋯⋯⋯⋯

話し合いの場面が本人や保護者に想起され、どの言動を認めてくれたかがわかります。また、生徒の発言が学級全体に良い影響を与えたことも認めていて、生徒の自信にもつながります。

❸ 社会の一員として理解

▌傘が紛失する件を改善しようと奮闘する生徒

 教師の価値判断が含まれている

　突然の雨の日には、学校でも各自の傘がよく紛失しがちです。生徒会役員として話し合いを行い、傘の貸し出しを提案してくれました。生徒には難しい取り組みが成功することを期待しています。

ここがイマイチ 😞 ……………………………………………………

「傘がよく紛失し」では、保護者として心配な気持ちになります。伝え方を工夫したいです。また、「生徒には難しい取り組み」という教師の判断があるのはよくありません。

⭘ 困っている仲間に向き合う様子がわかる

　突然の雨に備えて、生徒会役員として置き傘を貸し出す運動に取り組みました。帰る直前に雨が降ってきたときは、昇降口に傘を置き、忘れた生徒に貸し出すことを提案しました。この取り組みが生徒会の歴史になることと期待します。

ここがピカイチ 😊 ……………………………………………………

傘の紛失という悪いイメージを前面に出さず、困っている仲間の気持ちに向き合っています。生徒会顧問から情報を得て、教師が生徒の背を押す結びとなっています。

4 地域や我が国の文化の理解と継承

▌地域のお祭りを大切にしようとしている生徒

⚠ 事実と評価に飛躍がある

　家族でお祭りに参加していることを誇らしげに話してくれました。お父さんに肩車されて昔からの行列に参加した思い出を話してくれ、地域を愛する気持ちが伝わってきました。

ここがイマイチ 😞 ⋯⋯⋯⋯⋯⋯⋯⋯⋯⋯⋯⋯⋯⋯⋯⋯⋯

家族との参加の様子についての記述は、保護者も喜んでくれるだろうと思われます。しかし、これを「地域の文化の理解」と結び付けるには飛躍があります。

● 地域の文化性に触れたことが言動でわかる

　地域のお祭りの会合やお囃子の練習に参加する中で、昔から続く○○祭の意味や良さは安全を願い、人の絆を結ぶことだと気づきました。また、祖父や父とも一緒にこの祭りに参加できることを誇りに思っていると話してくれました。

ここがピカイチ 😊 ⋯⋯⋯⋯⋯⋯⋯⋯⋯⋯⋯⋯⋯⋯⋯⋯⋯

生徒が地域の祭りの意味や良さに気づき、地域の文化性に触れたことがわかります。また、祭りが家族の絆と関わっていることが伝わってくる記述となっています。

5 我が国や世界の諸問題への関心

┃コロナ禍でシトラスリボン運動を始めた生徒

⚠ 生徒の行動の意義・目的がわからない

　コロナ禍の中で、シトラスリボン運動をすることを思い立ち、パソコンでリボンの作り方を調べ、身近な友達に協力を呼びかけました。この取り組みは、学校全体に広がり、多くの人の協力が得られました。

ここがイマイチ ☹ ……………………………………

シトラスリボン運動をする目的を簡潔に説明すると良いでしょう。保護者にもわかりやすくなり、振り返りで生徒が価値づけすることにもつながります。

○ 社会の一員としての自覚と行動力を認めている

　コロナ禍で心ない言葉や不当な扱いがあるとの報道から、「地域・家庭・学校」を結ぶシトラスリボン運動を思い立ちました。リボンの作り方を調べ、友達に協力依頼を呼びかけたところ、共感の輪が広がり、学校全体の取り組みへと発展しました。

ここがピカイチ ☺ ……………………………………

コロナ禍における誹謗中傷という社会の問題解決のために進んで行動を起こし、できることに取り組んだことがわかります。社会の一員としての自覚と行動力を認めた記述となっています。

第3章

学びの姿（学習面）の所見文例

❶ 国語

［国語］の評価のポイント

▌知識・技能

　文字や文学的言語・論理的言語に対して大づかみする能力（事象認識）や関係を捉え意味づけする能力（関係認識）を評価します。この学習内容は、語彙、語句、文法といった言語的要素、話や文章に含まれる情報の扱い方、言語文化、書写、読書等に関する事項があります。

　この所見文は、「文節を区切ることができた」「視点人物と対象人物を指摘できた」といった端的なものになりますが、学習内容と関連させつつ学習過程での生徒の表れを見取って記述します。

▌思考・判断・表現

　文字や文学的言語・論理的言語に対して、多角的・総合的なイメージづくりや概念づくりをする能力（総合認識）が問われる評価です。「A　話すこと・聞くこと」「B　書くこと」「C　読むこと」に応じた学習内容と活動において、それぞれの指導事項のねらいに到達していく過程での生徒の表れを所見文で記述します。

▌主体的に学習に取り組む態度

　生徒自身が課題意識を持って取り組むような、自覚的で多様な追究活動を盛り込む授業設計により「主体的に学習に取り組む態度」を見取ることができます。

　「主題（主張）を〜へと掘り下げていこうとしている」「自分の言語活動を見直している」といった表れの所見文にします。

❶ 知識・技能

❙ 文節同士の関係をきちんと理解した生徒

⚠ 教え込んだ表面的なことだけを記述

　文法学習では、文節相互の関係には主・述関係や修飾・被修飾関係など、様々な関係があることを理解して、教科書の練習問題を解くことができました。

ここがイマイチ ･･････････････････････････････････････

「主・述関係」など、文法の学習用語を使い簡潔に表現していますが、これではわかりやすい所見文とはいえません。また、教え込んだ表面的なことだけを伝えるのでは不十分です。

⭘ 生徒が理解していく過程をわかりやすく記述

　「文の組み立て」では、文節がどのように組み立てられ、関係し合っているかを指摘することができました。そして、より的確に文の意味や話の内容を理解するときに、この関係を手がかりにすることを理解できました。

ここがピカイチ 😃 ･･････････････････････････････････････

授業の中で生徒が理解していく過程を、保護者が読んでもわかるような表現で伝えています。また、ここでの学びの意味にも改めて触れて、このことが本人に理解されたことを記述しています。

❷ 思考・判断・表現

｜主人公の心情を捉えて考えをまとめた生徒

⚠ 生徒の変容が書かれていない

　「少年の日の思い出」の学習では、主人公の気持ちはどのように揺れ動いていったか、ワークシートに場面ごとの心情変化を書き出して、授業で発表し合うことができました。

ここがイマイチ 😣 ･････････････････････････････････････

学習活動を羅列するだけでは、生徒の思考の深まりはわかりません。生徒の学習過程を俯瞰した上で、その中で着目すべき生徒の変容を捉えて記述する必要があります。

⬤ 生徒が思考を深めた過程を見取っている

　「少年の日の思い出」の学習で、結末の主人公の心情を捉えることを課題とし、主人公が過ちを友達に言い訳する場面の会話を想像することで追究しました。そこから、「一度起きたことは、もう償いができない」ことに結びつけ、考察をまとめることができました。

ここがピカイチ 😊 ･････････････････････････････････

課題解決に向けての工夫や結論に至った経緯のなかで、生徒がどのような課題意識で、どういう手だてで、どう思考を深めたかを見取って記述しています。

❸ 主体的に学習に取り組む態度

▎作品の主題を理解し、読書意欲を高めた生徒

⚠ ありきたりな言葉を羅列している

　小説「故郷」の学習では、作品の主題をまとめるという課題に対して、たいへん熱心に追究することができました。追究をしたことをもとに積極的に意見交換をすることができ、読書意欲が向上したように思います。

ここがイマイチ 😞 ……………………………

「主体的に学習に取り組む態度」の観点では、学習過程の事前・事中・事後の中での興味・関心・意欲を見取っていきたいものです。ただし、この例文のようにありきたりな言葉を羅列しないことです。

⭕ 学習過程に沿って個に応じた現れを詳述

　小説「故郷」の学習では、人々の心に訴えたいという作者の願いに共感し、主題を考えました。一つ一つの言葉の意味を考えることで、主題が深まることを実感し、読書の面白さに気づきました。この作者の作品をもっと読みたいとも感想にまとめています。

ここがピカイチ 😊 ……………………………

単元初めのガイダンスで、生徒が学習の意義を理解したことから意欲を高め、それをもとに自分の学習を見つめながら追究していったという、主体性や自己統制のある表れを記述しています。

❷ 社会

［社会］の評価のポイント

知識・技能

　社会的事象の特色や意味、理論などを含めた、社会の中で汎用的に使うことのできる概念等に係る知識や、適切に調べ、まとめることができる技能を身につけているかどうかを評価します。

　所見文においては、○○を理解できているかどうか、□□を身につけているかどうか、学習状況として記述することになります。さらに、既得の知識・技能と関連付けながら他の学習や生活の場面でも活用できる「生きて働く」知識や技能となっているかどうかを見取って所見文にします。

思考・判断・表現

　社会的事象の意味や意義、特色や相互の関連を考察しているか、社会にある課題を把握して、その解決に向けてどう構想しているか、また、その際の「視点や方法（考え方）」はどうか、生徒の具体的な表れを見取って記述します。

主体的に学習に取り組む態度

　学習における生徒の一時的な取り組みや表面的な状況のみに着目した評価や所見文にならないように留意します。

　各分野の特性や学習内容を踏まえ、ある程度長い区切りの中で、生徒が主体的に課題を追究しようとしているか、主体的に社会に関わろうとしているか等、生徒の具体的な表れを見取り、記述することが大切です。

1 知識・技能

知識・技能の意味を理解して学習に取り組んだ生徒

⚠️ 単に知識を理解したことしか伝わらない

　地理的分野「日本と世界との時差」の学習では、時差を導き出す計算方法を理解しました。そして、世界の様々な国と日本との時差を熱心に調べ、積極的に発表することができました。

ここがイマイチ 😞 ・・

知識・技能の習得状況を伝えるとき、生徒が新知識を得たときの様子や技能を自分なりに使ってみた行動にも着目したいものです。また、「熱心に」「積極的に」といった月並みな言葉だけで終わらせないことです。

⬤ 知識を生かした様子が伝わる

　地理的分野「日本と世界との時差」の学習では、時差から世界の広さを驚きを持って捉えました。時差を導き出す計算方法を生かして、将来行ってみたい国の主要都市と日本との時差を調べることができました。

ここがピカイチ 😃 ・・

時差を通して世界の広さを肌で感じ、学習が動機づけされたことも伝わります。行ってみたい国との時差を調べるという生徒の学習活動から、知識・技能の習得状況がわかります。

社会

❷ 思考・判断・表現

▌歴史的事象の関係性を正しく理解した生徒

⚠ 因果関係を考えて理解したかわからない

　歴史的分野「鎌倉幕府の衰退」の学習では、元軍が二度にわたって襲来し、「てつはう」や「集団戦法」などの戦術によって鎌倉幕府が大きなダメージを受け、滅亡につながったことがわかりました。

ここがイマイチ 😞 ･･･････････････････････････････････

知識としては理解したという記述となっています。しかし、なぜ元軍の襲来が鎌倉幕府の滅亡につながったのか、その理由や流れといった歴史の因果関係を深く理解しているかどうか見えてきません。

⭕ 事象の関係性を深く考えていることがわかる

　歴史的分野「鎌倉幕府の衰退」の学習では、命懸けで戦っても御家人たちが幕府から恩賞をもらえなかった原因をつきとめました。これにより「御恩と奉公」の関係が崩れ、幕府滅亡につながった歴史を自分の言葉でまとめることができました。

ここがピカイチ 😀 ･･･････････････････････････････････

元軍の襲来を機に、幕府を支えてきた「御恩と奉公」の関係が崩れ、幕府が衰退していく推移を自分の言葉でまとめたことを評価しています。ここから理解の深まりがわかります。

3 主体的に学習に取り組む態度

■ 議論を通して自身の考えに確信を持った生徒

⚠ ものの見方・考え方の変容が見えてこない

　公民的分野「人権の尊重」の学習では、現代においても様々な偏見や差別、誹謗中傷により人権を侵害されている人々が多くいることに驚き、理解を示しました。そして、自身の考えをノートにまとめ、グループで話し合うことができました。

ここがイマイチ 😞 ……………………………………………

学習活動を記述しているだけにとどまり、生徒が課題に対してどのような意見を持ち、話し合いによってどう考えが深まり、生徒のものの見方・考え方が変わったかが見えてきません。

⬤ 主体的に社会に関わろうとする姿がわかる

　公民的分野「人権の尊重」の学習では、身近にある偏見や差別を課題にし、グループで解決法を話し合いました。「差別的な言動に同調しないこと」を自分の意見として発言し、議論を通して、自分たちで負の連鎖を断ち切ることが大切だと意見をまとめました。

ここがピカイチ 😊 ……………………………………………

生徒がどの場面でどのような意見を持って臨んだか、また、ものの見方や考え方がどう変わっていったかという主体的に社会に関わろうとする表れが記述されています。

❸ 数学

［数学］の評価のポイント

▌知識・技能

　数量や図形などについての概念や原理・法則などを理解しているかといった知識や事象を数学化する、数学的に解釈する、数学的に表現・処理する技能を身につけているかを評価します。

　ここでの所見文は、単に用語や解法を暗記しているかだけではなく、知識や技能が他の場面でも活用できているかを見取ります。

▌思考・判断・表現

　事象を論理的に考察する、数量や図形などの性質を見出し統合的・発展的に考察する、数学的な表現を用いて事象を簡潔・明瞭・的確に表現する力を身につけているかを評価します。

　この所見文は、定期考査などのいわゆるテストによるものだけでなく、授業中の発言やノート、レポートに書かれた内容などを見取ります。

▌主体的に学習に取り組む態度

　数学の楽しさや良さを実感して粘り強く考えている、数学を生活や学習に生かそうとしている、問題の解決の過程を振り返って評価・改善しようとしているといった表れを評価します。

　ここでは、授業中の課題への取り組みの様子や振り返りに書かれた感想などから見取ることが求められます。その際、「楽しかった」などの短絡的な感想ではなく、数学が生活に生かされていることを見出している、新たな課題に生かそうとしている姿を評価することが大切です。

❶ 知識・技能

▌整数の性質の説明の仕方を理解した生徒

⚠ 専門用語で保護者が理解できない

　文字を使った、整数の性質の説明の仕方を理解し、いろいろな整数の性質を、文字を使って説明することができました。その際、文字式の計算も正確に行うことができました。

ここがイマイチ ☹ ………………………………………………

ねらいや授業での様子が、可能な限り保護者にもわかる表現を用いて所見文を書くと良いでしょう。「整数の性質」だけでは、何を学んでいるのかわかりにくいかと思われます。

◯ 生徒が他の場面でも活用できる配慮した記述

　文字を使って、奇数や偶数の表し方を理解し、奇数と偶数の和は、奇数になることの説明の仕方を理解しました。その後、奇数と奇数の和が偶数になることを、文字を使って説明することができました。

ここがピカイチ ☺ ………………………………………………

授業で理解したことを他の場面でも活用できることがねらいです。そのための場面を授業の中に設定し、そこでの生徒の表れを見取って所見文としています。さらに保護者にもわかるように具体的に記述しています。

❷ 思考・判断・表現

図形の性質を捉え、統合的・発展的に考えた生徒

⚠ 思考を深めた様子がわからない

　「平行と合同」の学習では、2つの三角形が合同になることを証明し、さらに課題の条件を変えたらどうなるかまで考えることができました。そして、平行四辺形となっても成り立つことに気づき、授業でその理由を説明することができました。

ここがイマイチ 🙁 ・・

「統合的・発展的な考え」は数学において身につけたい力の一つです。生徒がどのように思考を深めていったのかを具体的に書くと保護者にもわかり生徒の振り返りにもなるでしょう。

◯ 発展的に考え、思考を深めた様子がわかる

　「平行と合同」の学習では、長方形を利用して描かれた複雑な図形から平行線の錯角や対頂角等に着目し、2つの三角形が合同となることを証明しました。さらに長方形という条件を平行四辺形に変えたらどうなるかを考え、それでも成り立つ理由を説明できました。

ここがピカイチ 😊 ・・

発展的に考えることができた着眼点を明確にすることで、生徒の思考の深まりを表現しています。授業中の発言やノートの記述などを記録に残しておくと、所見文に利用できます。

❸ 主体的に学習に取り組む態度

┃一度作ったグラフを見直し、改善した生徒

⚠ 平板な学習活動の羅列にすぎない

　「資料の整理」の学習では、自分で調べたことを表やグラフを使って丁寧にノートにまとめることができました。また、作成したグラフを見直していく最後の学習活動まできちんと取り組むことができました。

ここがイマイチ 😞 ⋯⋯⋯⋯⋯⋯⋯⋯⋯⋯⋯⋯⋯⋯⋯⋯⋯⋯⋯

「主体的に学習に取り組む態度」の観点では、数学的な活動の中で数学的に考える良さを感じたり、他の場面に利用したりする姿を見取りたいものです。

⭕ 学習を発展させ、自己統制して取り組む姿を記述

　「資料の整理」の学習では、同じ資料でもグラフの工夫により、相手への情報の伝わりやすさが変わることを理解しました。次の時間には、何種類もグラフを作成しては見直し、どのようなグラフで示せば、自分の思いがより正確に伝わるかを粘り強く考えました。

ここがピカイチ 😊 ⋯⋯⋯⋯⋯⋯⋯⋯⋯⋯⋯⋯⋯⋯⋯⋯⋯⋯⋯

学んだことを生かしながら、粘り強く取り組んで次の学びへとつなげていく姿を記述しています。また、生徒が新たに取り組みを試みていく学習の過程での表れを観察していくことが大切です。

❹ 理科

［理科］ の評価のポイント

知識・技能

　各領域の学習に必要な事項に関することを生徒が説明できるか、実験器具を的確に使用し、その結果を客観的に表現できるか、現象理解と手的技能を評価します。

　所見文では、「～現象の規則について理解できた」「～のため観察器具を正しく使うことができた」などと表現されていきます。

思考・判断・表現

　理科では、「課題把握」「実験観察」から「解釈」「法則化（一般化)」「概念化」へ、さらに「統合」へと、高次の認知能力を獲得することがねらいです。そこで、原因を追究・分析していく思考力、集めた情報のモデル化や相互関連の推論を立てていくときの判断力、仮説を法則化していくときの表現力を評価していきます。

　例えば、生徒の取り組みから、課題解決に必要な情報を得ることができたか、結果から因果関係や共通性を考察しているかを見取ります。

主体的に学習に取り組む態度

　自然事象の背後に潜む規則性への科学的興味、課題に対処するときの科学的に開かれた心、自己と自然との関わりについての考えの深まりといった情意面を評価します。

　例えば、探求活動で他教科や外部機関との連携を図りながら自然現象への理解を深めているか、科学と人間生活の関わりに及んで考えを深めているかを見取っていくことです。

❶ 知識・技能

現象を理解し、結果を客観的に表現した生徒

⚠ 観点が「思考・判断・表現」と混同されている

　「光の反射・屈折」では、「光」が水やガラスなどの物質の境界面で反射、屈折するときの規則性をよく考えて発見することができました。そして、発見した規則性を活用して光の通り道を予想することができました。

ここがイマイチ 😞 ……………………………………………

「規則性を〜発見」「規則性を活用」という表現は、実験結果をもとに思考・判断を評価するものです。「知識・技能」を評価するところですが、「思考・判断・表現」と混同した表現になりがちです。

⭕ 端的に「知識・技能」が習得されたことを記述

　「光の反射・屈折」では、「光」が規則性を持って水やガラスなどの物質の境界面で反射、屈折することが理解できました。また、その規則性にしたがった光の通り道を図に描くことができました。

ここがピカイチ 😊 ……………………………………………

授業のねらいの知識事項を理解したこと、それを踏まえて基本的な操作ができたこと、つまり「知識・技能」の習得がなされたことを端的に記述しています。

❷ 思考・判断・表現

集めた情報から相互関連の推測を立てた生徒

⚠️ 学習過程の一連の流れだけを記述している

　滑らかな斜面を下る力学台車の運動について、記録タイマーで記録したテープから単位時間当たりの移動距離を読み取り、その数値をグラフに表すことができました。

ここがイマイチ 😞 ……………………………………………………

学習過程の一連の流れを記述するにとどまっています。得られた結果から、生徒が因果関係を考察している表れを所見文に含めると良いでしょう。

⭕ 結果の分析、解釈、一般化の過程を見取っている

　斜面を下るときの力学台車の運動について、記録タイマーによって単位時間当たりの移動距離を読み取りました。その結果を比例の関係としてグラフに表して物体の運動の様子がどうなっているかについて、推論を立てることができました。

ここがピカイチ 😊 ……………………………………………………

実験の考察をする過程で、自然現象のモデル化（グラフ化・数式化）を試み、自分なりの考えを持ったことを、生徒の思考の深まりとして見取っています。

❸ 主体的に学習に取り組む態度

科学と人間生活の関わりについて考えた生徒

⚠ 生徒本人の主体的な学びが見えてこない

　生物的環境と非生物的環境の相互作用によって、生態系が保全されていることを学習しました。現在までの人間の生活が生態系に与えた影響を、他教科で学習した内容、図書館や科学館で調査した内容を踏まえてレポートにまとめ、提出することができました。

ここがイマイチ 🙁 ……………………………………………

教師が課題を設定し、解決に向けて一連の主体的な学習過程を仕組んでいたことはわかりますが、この書き方だと何が生徒本人の主体的な学びとなっているかは不明瞭です。

⭕ 他教科や外部機関と連携して学んだことを記述

　人間の生活が生態系の保全に悪影響を与えている現在の状況に強い問題意識を持って追究しました。そのため、社会科の環境問題を参考にしたり、図書館や科学館で資料調査をしたりし、私たちは今後どうすればよいだろうかと考えて、レポートにまとめました。

ここがピカイチ 😊 ……………………………………………

他教科や外部機関との連携を図りレポートをまとめたことから、生徒が進んで取り組んだことがわかります。学習や調査を経て、生徒の関心が深まっていく姿を見取って記述しています。

❺ 音楽

［音楽］の評価のポイント

▌知識・技能

　知識では、「曲想と音楽の構造や背景などとの関わりについて理解している」状況を、技能では、「創意工夫を生かした表現で歌うために必要な発声、言葉の発音、身体の使い方などの技能を身につけ、歌ったり、演奏したり、音楽を作ったりしている」状況を評価します。

　所見文では、学習過程での生徒のこれらの表れを学習内容と関連させて記述します。

▌思考・判断・表現

　音楽を形作っている要素を聴き取り、それらの働きが生み出すよさや面白さ、美しさを自分なりに感じ取っているか、聴き取ったことと感じ取ったこととの関わりについて考え、「自分ならどう表すか」という思いや意図を持ったかを見取っていきます。また、曲や演奏のよさなどを見出したり、音楽を味わって聴いたりしている表れを記述します。

▌主体的に学習に取り組む態度

　音楽表現や鑑賞について、音楽表現をよりよく工夫しようとしたり音楽を深く味わって聴こうとしたりすることに粘り強く取り組んでいるかどうかを見取っていきます。さらに、その中で、自分の表したい音楽に向けて何度も工夫を試みたり、友達と聴き合ったりしてより良い表現にしているか、自らの学習を調整しようとしている表れを見取って評価します。

❶ 知識・技能

▌合唱での表現を生かした生徒

⚠ 曖昧な表現で生徒の姿が見えない

　合唱の学習では、課題曲「大切なもの」を聴いた感想を基に、自分なりに曲を捉えることができました。楽譜に書かれている旋律とリズムに着目することを通して、正しい音程で歌うことができました。

ここがイマイチ ☹ ……………………………………

楽譜に書かれている旋律とリズムに着目はしていますが、「自分なりに曲を捉え」は、何を見取ったのか曖昧な記述です。また、正しい音程で歌うことだけで良いということにはなりません。

○ 動機を持って技能を身につけた様子がわかる

　合唱の学習では、課題曲「走る川」を聴いて、その曲想の荒々しさをイメージすることができました。そして、楽譜に書かれている旋律やリズム、速度に着目し、イメージに合うように言葉の発音に気をつけて歌うことができました。

ここがピカイチ ☺ ……………………………………

生徒が曲想のイメージを持って、言葉の発音や旋律・リズムといった技能に気をつけて歌ったことを記述しています。生徒が何を身につけて歌ったのか、保護者にもわかります。

❷ 思考・判断・表現

┃リコーダーで演奏表現を工夫した生徒

⚠ 生徒の工夫している様子が伝わらない

　「ラヴァーズコンチェルト」の学習では、曲のイメージを持ち、音色やリズムに着目しました。また、表したい演奏方法を用いて、自分なりに音楽表現を工夫することができました。

ここがイマイチ 😞 ……………………………………………………

音楽表現を深めるために、生徒がどんな表現の工夫をしたか、そこではどのように取り組んだかを記述する必要があります。また、「演奏方法を用いて、自分なりに」では、工夫した跡が見えません。

⭕ 追究する過程での思考の深まりが伝わる

　「ラヴァーズコンチェルト」の学習では、曲のイメージを捉え、音色やリズムに着目し、リコーダーの息の入れ方やリズムに気をつけて練習をしました。また、表したい演奏方法を試したり、友達に演奏を聴いてもらったりして音楽表現を工夫することができました。

ここがピカイチ 😊 ……………………………………………………

工夫して豊かな音楽表現をするという課題解決に向け、追求する過程で、どのような意図で、どういう手立てで、どう工夫したかを思考の深まりとして見取って記述しています。

❸ 主体的に学習に取り組む態度

鑑賞「越天楽」を通して、振り返る生徒

⚠ 事前・事後でどう変容したかがわからない

　鑑賞「越天楽」の学習では、曲を聴いて自分が感じたことをまとめることができました。鑑賞を通して、日本の伝統音楽のよさや魅力ついて、自分なりの考えを持ち、友達と意見交流をすることができました。

ここがイマイチ ☹ ……………………………………………

学習過程の事前と事後の変容を見取りたいものです。ただ友達と意見交流をしていれば評価していいわけではありません。その子の見方・考え方がどう育ったか見取りたいものです。

◯ 学習を通した生徒の変容が伝わる

　鑑賞「越天楽」の学習では、これまでの曲と聴き比べ、日本の伝統音楽独自の拍や間などに着目しました。そして、友達が感じ、考えたことを話し合うことで、雅楽の独自のリズムや音色に魅力を感じ、他の曲も鑑賞したいという感想を持ちました。

ここがピカイチ ☺ ……………………………………………

鑑賞学習では、初発の印象から生徒に課題意識を持たせます。この例では、学習を通して、伝統音楽への最初の印象から生徒がよさを自ら見出し、さらに鑑賞しようとする意欲を読み取っています。

❻ 美術

［美術］の評価のポイント

▌知識・技能

　表現及び鑑賞の活動を通し、個別の感じ方や考え方に応じ、活用し身につけたり、実感を伴いながら理解を深めたりしているかを評価していきます。「鑑賞」では、「～理解している」という観点で知識を見取るようにします。表現の技能に関しても創造的に表す技能であり、単に「絵がうまい」や用具の扱いで評価するものではなく、「～表している」と示した評価基準を受けたものとなります。

▌思考・判断・表現

　発想・構想と鑑賞の双方に重なる資質・能力に関する評価をします。「A表現」（1）では、「主題を生み出すこと」をポイントに、「B鑑賞」では、鑑賞における見方や感じ方を深められたかをポイントにそれぞれ作品、構想図、ワークシート、文章、発表、ポートフォリオ等から見取ります。所見文では「～している」に対応した表現になっていきます。

▌主体的に学習に取り組む態度

　教科の目標（1）（2）に関する資質能力を、学習過程でどのように働かせたかをノート、レポート等の記述、授業中の発言、行動観察、自己評価、相互評価で見取ります。表現では「主題を工夫してよりよく表現しようとしている」、鑑賞では「作品のよさを捉えようと発言をする姿が繰り返し見られた」など、学習に主体的に取り組む表れを見取って所見文としていきます。

❶ 知識・技能

❙ 絵画における対象物の捉え方について理解した生徒

⚠ 具体的にどんな知識を得たのか、わからない

　「身近なものを描く」では、ゴッホの「靴」を通して、表したものから作家の心情を読み取ることを学びました。また、自らのモチーフ選びでは自分なりの考えに従って描くものを決めていることがわかりました。

ここがイマイチ 😞 ‥‥‥‥‥‥‥‥‥‥‥‥‥‥‥‥

「心情を読み取る」だけでは、〔共通事項〕の内容の把握には、不十分であり、どのような知識を得られたかがはっきりしません。生徒が具体的に見取った学習の成果を端的に表現するようにしたいです。

⭕ 習得した知識を保護者にもわかりやすく記述

　「身近なものを描く」では、ゴッホの「靴」に描かれている靴の置かれ方や背景の表現から、「靴」がゴッホと弟テオの人生の歩みを表したものであると知ることができました。そして、絵画のモチーフ選びでは、描くものに主題があることを理解できました。

ここがピカイチ 🙂 ‥‥‥‥‥‥‥‥‥‥‥‥‥‥‥‥

〔共通事項〕の「造形的な視点を豊かにするために必要な知識」について、保護者にもわかりやすく表現されています。さらにこれらの知識が表現へと生かされることも記述されています。

❷ 思考・判断・表現

┃デザインの目的を考え、主題をもとに発想、構想した生徒

⚠ ただ学習指導要領の示す学習内容を説明しているだけ

　「伝達のデザイン」では、伝える相手や施設の場所などのイメージから自分なりのテーマを見つけ、それらをもとに誰にでもわかりやすく、美しいデザインにしようと発想したり構想したりすることができました。

ここがイマイチ 😞 ⋯⋯⋯⋯⋯⋯⋯⋯⋯⋯⋯⋯⋯⋯⋯

学習内容を全般的に示しているだけであり、学習指導要領の評価基準の説明となっています。一人一人の生徒がどのように発想や構想をし、どのような学びが行われたかを具体的に表したいものです。

⬤ 発想・構想の様子が明瞭に書かれている

　「伝達のデザイン」では、公園のピクトグラムを課題とし、「小さな子でもわかるデザイン」をテーマに、子どもをモチーフとしたデザインを発想しました。さらに頭部の形や大きさを同一にするなど、統一感を図る構想を練ることができました。

ここがピカイチ 😀 ⋯⋯⋯⋯⋯⋯⋯⋯⋯⋯⋯⋯⋯⋯⋯

「A表現」（1）における「主題を生み出すこと」が明確で、かつ、それに基づいた発想・構想が具体的に示されており、生徒がどのように表現に取り組んだのかわかる表現になっています。

❸ 主体的に学習に取り組む態度

知識を活用し、美術文化を自分なりに味わおうとした生徒

⚠ 安易に意欲を示す言葉を使っている

　「日本の美」では、日本と西洋の絵画の違いを見つけようと熱心に努力しました。その中で、西洋の絵画には、奥行きがあり、日本の絵画にはそれがないことに感動し、改めて日本の美の独自性を主体性をもって粘り強く考えることができました。

ここがイマイチ 🙁 ……………………………………

「熱心に」「努力」「感動」「主体性」といった意欲を示す言葉を付け加えて、主体的に学習していることを評価しようとしています。過剰な表現は避け、行動の表れを所見文としたいものです。

◯ 学習過程で学びの本質に向かう態度を記述

　日本と西洋の風景画を比較し、「日本の美」を鑑賞する課題では、「遠近法」と「余白の美」に着目し、日本の絵画には奥行きがないことなどを調べました。そして、自然と共に生きる中で「美」を見出す日本人の美意識に触れ、感想をまとめました。

ここがピカイチ 😊 ……………………………………

既習の知識を鑑賞の自分なりの視点として、学びに向かう態度が見取られています。また、学習過程の流れの中で、作品の良さをつかみ、美術を愛好する心情が育まれたことも示された記述となっています。

❼ 保健体育

［保健体育］の評価のポイント

▍知識・技能

　各種の運動の特性に応じた技能の習得、そのための具体的な知識の理解、学んだ知識の活用などを評価し、習得していく過程での姿を具体的に見取って所見文にします。その際、学んだ知識・技能と、実生活や生涯にわたっての運動実践、健康・安全との結びつきについて理解できているかを大切にしていきます。

▍思考・判断・表現

　運動や健康についての課題を発見し、解決に向けて合理的に思考し、具体的に取り組む様子、自分の考えや仲間の意見を積極的に他者に伝えている様子などを見取って所見文にします。「課題発見」「工夫」「練習法、行動の選択」「発言・表現」「話し合い」「他者との関わり」「活動の振り返り」「学習成果の分析」などが評価のポイントとなります。

▍主体的に学習に取り組む態度

　運動の楽しさや喜びを味わうことができるよう、運動の実践に進んで取り組もうとしている様子を評価します。また、健康を大切にし、自他の健康の保持増進や回復の方法を考え、学習に自主的に取り組もうとしている様子なども評価します。

　さらには、運動における競争や協働の経験を通して、公正、協力、責任、共生などに対する意欲、他者理解、勝敗や判定に対する受け止め、規範意識などの表れも評価のポイントとなります。

❶ 知識・技能

▌平泳ぎのキック動作を習得した生徒

⚠ 結果の記述だけで過程での表れを見取っていない

　平泳ぎの授業では、複雑なキック動作を習得するのに苦労しましたが、毎回の授業でしっかりと説明を聞くことができ、頑張って練習にも取り組み、そして正しいキック動作を習得することができました。

ここがイマイチ 😞 ………………………………………

「しっかり」「頑張って」などと生徒の取り組みを評価していますが、教師が何を認めているのかが伝わってきません。保体科教師として、知識・技能を習得していく過程での具体的な表れを見取ることです。

⬤ 生徒が工夫して習得していった表れを記述

　平泳ぎのキック動作では、正しい知識を理解し、反復練習の合間に上級者のキックを観察するなどしてイメージも膨らませ、技術を習得できました。さらに、伸びの動作も取り入れるなどして、より推進力のあるキックを身につけることができました。

ここがピカイチ 🙂 ………………………………………

この例では、「推進力のあるキック」を生み出すにはどうすればよいか、知識を得て、反復して技術を身につけていく過程の中での生徒の工夫や、向上心ある行動を見取って、鮮明に記述しています。

2 思考・判断・表現

倒立前転の仕方を工夫して上達した生徒

⚠ どう課題解決を図ったのかがわからない

　倒立前転では、倒立から前転への移行が上手くできませんでしたが、仲間の補助を借りて反復するうちに、補助なしでも上手に前転へ移行することができるようになり、倒立前転を完成させることができました。

ここがイマイチ 😟 ‥‥‥‥‥‥‥‥‥‥‥‥‥‥‥‥‥‥‥‥

器械運動での技能は、繰り返して練習することで上達していきますが、単なる反復動作だけでは、技能の上達は望めないはずです。この例では、自然に上達したように読み取れてしまいます。

● 解決に向けた工夫した過程から思考の深まりが見える

　倒立前転では、倒立からどのタイミングで体を丸めたら、きれいで滑らかな前転となるかを考えて練習しました。タイミングのパターンを考えては仲間に伝え、そして仲間の意見も求めることで、自分なりのタイミングをつかみ、倒立前転を演示できました。

ここがピカイチ 😊 ‥‥‥‥‥‥‥‥‥‥‥‥‥‥‥‥‥‥‥‥

自分の課題を分析し、その解決に向けて合理的に考えて取り組んだことが記述されています。自分の考えを言葉で表現し、仲間と意見交換することで、より巧みに演示ようとした様子も見取ることができます。

❸ 主体的に学習に取り組む態度

チームで勝敗を競う球技の楽しさを理解できた生徒

⚠ 高い技能の習得しか伝わらない

　バスケットボールの授業では、ドリブル、パス、シュートなどのボール操作で高い技術を身につけました。ゲームの中では、ドリブル突破からのシュートにより、高得点も獲得する大活躍でチームに貢献し、仲間と勝利を喜び合うことができました。

ここがイマイチ 😞 ……………………………………………

球技の評価では、高い技能の習得だけでなく、一人一人の特性や、チームの技量に応じた作戦で仲間と連携しながらゲームを展開しようとしたりすることなどが、着眼点として重要です。

⚫ チームで連携した様子が伝わる

　バスケットボールの授業では、ドリブル、パスなどのボール操作の技術を生かすゲームプランをチームで考え合いました。自分が攻撃の起点となり、味方を生かしてパスを出し、チームで得点をあげた作戦通りのゲームを振り返り、球技の楽しさを感じています。

ここがピカイチ 😃 ……………………………………………

生徒本人が自分のよさとチームの課題を考え、そこからゲーム内での作戦を話し合い、チームで連携してゲームに取り組んだことを記述しています。また、仲間と球技をする楽しさを味わえた様子も見取っています。

❽ 技術

［技術］の評価のポイント

▌知識・技能

　生活と技術についての基礎的な理解、それらに係る技能を身につけているかを評価します。個別の事実的な知識の習得だけでなく、社会における様々な場面で活用できる概念の理解も求められています。

　例えば、木材の繊維の構造を考慮して、どのように切断・削りをしているかなど、具体的な知識・技能の定着ぶりを記述していきます。

▌思考・判断・表現

　生活や社会の中から問題を見出して課題を設定し、解決策を構想し、実践を評価・改善し、表現するなど、課題を解決する力が求められています。

　生徒の製品への思い、つまづきや改善の場面等を予測して単元構成を工夫することが大切です。これをどう工夫しているか、観察や自己評価カード等を活用し、それぞれの過程での表れを見取って、記述していきます。

▌主体的に学習に取り組む態度

　より良い生活の実現や持続可能な社会の構築に向けて、生活を工夫し創造しようとする実践的な態度が求められています。

　「実際に使う中で、もっと改良してみよう」「環境に良い素材はないかな」といった製作活動での主体的な取り組みや、実生活に生かしていこうとする実践的な態度を見取って記述していきます。

1 知識・技能

｜学習した知識・技能を生かして製作に取り組む生徒

 ありきたりな表現で技能の定着ぶりが伝わらない

　木材を設計図通り正しく切断できました。カンナ削りでも、滑らかな表面になるよう丁寧に削り作業を行っていました。計画通り作業が進み、振り返りカードにも満足した言葉が見られました。

ここがイマイチ ☹ ⋯⋯⋯⋯⋯⋯⋯⋯⋯⋯⋯⋯⋯⋯⋯⋯⋯⋯⋯⋯⋯

「正しく」や「丁寧に」は、誰にでも当てはまる表現です。その生徒なりに学習したことをどのように定着しているのか、生徒の作業の様子をよく見て、記述したいものです。

⚫ 知識・技能の習得・活用がわかりやすく伝わる

　木材を椅子や工具できつく固定し、のこぎり引きがぶれないように工夫することで、正確に切断できました。カンナ削りでも木の繊維の向きを様々な角度から確認して削ることができました。

ここがピカイチ ☺ ⋯⋯⋯⋯⋯⋯⋯⋯⋯⋯⋯⋯⋯⋯⋯⋯⋯⋯⋯⋯⋯

教師が生徒の作業の過程をよく見ており、学習した知識・技能をどの場面で、どのように使っているかなど、定着ぶりがわかる記述になっています。

❷ 思考・判断・表現

▌意図した表現に近づけるため工夫を凝らす生徒

⚠ 生徒の思いが伝わらない

　ナイトライト作りでは、回路を組み立て、自分のお気に入りのタイミングで点灯させるプログラムを考えました。暗室でテストを繰り返し、満足のいくライトを完成させました。

ここがイマイチ 😞 ・・・・・・・・・・・・・・・・・・・・・・・・・・・・・・・・・・

「ナイトライト」では、保護者にわかりづらいので「電気スタンド」とするなど、名称にも注意したいです。作品のネーミングや生徒の点灯させるタイミングの意味もわかりやすく表現すると良いでしょう。

⭕ 生徒の思いや工夫の様子がわかる

　夜、自室で点灯させる電気スタンドの製作では、良い睡眠がとれるようにと考え、工夫しました。ゆったりとしたタイミングで点灯するようにプログラムの工夫を重ねて、夜空の星明りのような照明を完成させました。

ここがピカイチ 😃 ・・・・・・・・・・・・・・・・・・・・・・・・・・・・・・・・・・

電気スタンドは、見た目には同じ作品に見えるため、製作の過程で生徒が意図した工夫を見取っていくことです。そこに、生徒の思考・判断が見え、より良い表現へとつながっていくはずです。

❸ 主体的に学習に取り組む態度

工夫して製作に取り組んで、実践的な態度を持った生徒

⚠ 学習態度の変化が伝わらない

　木材を加工してマガジンラックを製作しました。斜めの仕切り板を、どのように付けるか試行錯誤した結果、穴を開けて板と板を組み合わせる方法を選択し、出来栄えに満足していました。単元を通して主体的に学習を進めることができました。

ここがイマイチ ☹ ……………………………………………

製作の中でどんな工夫をしたか「試行錯誤」だけではわかりません。また、製作過程を振り返ってどんな気持ちに至ったのかなど、学習態度の変化を見取っていくと良いでしょう。

⚫ 実践的な態度を見取っている

　マガジンラックの製作では、収納物の重みを支える仕切り板の接続方法をいくつか試しました。最後に穴を開ける斬新な方法を選び、完成させました。製作していく中でもよく考え、改良を加えていくことが大切だと振り返っています。

ここがピカイチ ☺ ……………………………………………

製作の目的、方法を考え、そして、それを改善して取り組んでいく様子を鋭く観察しています。そして、作品完成後の自己評価から今後の製作にも生かしていこうとする実践的な態度を見取っています。

❾ 家庭科

［家庭科］の評価のポイント

▌知識・技能

　家族・家庭の機能について理解を深め、生活の自立に必要な基礎的な理解とそれらにかかる技能が身についているかを評価します。

　家庭・家族生活、衣食住、消費や環境などに関する知識と技能の定着を見取り、何がどのくらいできるようになったか、安全・衛生に配慮しているかを具体的に表現します。

▌思考・判断・表現

　家族・家庭や地域における生活の中から問題を見出して、自らの課題としてつかみ、解決策を考え、実践していくことが求められています。課題を分析して解決していく力に加え、実践後の評価、改善の中で、気づいたことを論理的に表現する力を評価します。

　また、その解決のために既習内容と多くの情報や他教科での学習内容と関連付けて考えることができているかがポイントです。

▌主体的に学習に取り組む態度

　自分と家族、家庭生活と地域との関わりなど、自分の生活を支えている周囲の人々と協働し、より良い生活を送るために、工夫し創造しようとする実践的な態度を評価していきます。

　完成した作品を活用したり、問題点を見つけ改善案を考えたりしているか、より良い生活とは何かの視点を持って生活を見直しているか見取っていきます。そのため、家庭や地域との連携を図った実践的な学習活動が望まれます。

❶ 知識・技能

▌選択・購入にあたっての知識と技能を習得した生徒

⚠ 表現が抽象的・曖昧でわかりづらい

　物を購入するためにどのような方法があるのかや様々な支払い方法の特徴を理解して、いろいろなメディアでその商品に関する情報を収集し、選択、購入の手順を決定することができました。

ここがイマイチ ·······························

ざっくりとした表現のため抽象的でわかりづらく感じます。「物品の選択・購入」ならば、身につけたい内容を示し、何をどのくらい理解し、何ができているのかがわかるように記述すると良いでしょう。

⬤ 何を習得したか振り返ることができる

　スニーカーの購入を例にして、広告やインターネットなどで、自分に合うサイズやデザイン、価格などの情報を集め、予算や支払い方法も調べることができました。また、購入前の試着や返品の条件といった情報を得ることも必要だと気づくことができました。

ここがピカイチ 😃 ·······························

物品の選択・購入に関する条件について考え、情報を収集し、整理する活動を通し、何が重要なのか、身についた知識・技能を振り返ることができる所見文です。

② 思考・判断・表現

▌課題を見つけて分析し、その解決を合理的に考えた生徒

⚠ 生徒の思考が深まっていく変容が見えてこない

　中学生に必要な栄養素を取り入れるための1日分の献立を考えました。野菜不足が課題であることに気づき、野菜をジュースにすることでいろいろな栄養素を摂取できると発表しました。

ここがイマイチ 😞 ⋯⋯⋯⋯⋯⋯⋯⋯⋯⋯⋯⋯⋯⋯⋯⋯⋯⋯⋯⋯⋯

表現内容は具体的ですが、生徒が活動を通して思考を深めていく様子が読み取れません。自分たちの生活を見つめさせ、課題を見つけ出すことで考えが深まり始め、改善に向けたステップとなっていきます。

⭕ 課題を分析し、解決方法を考えたことが見える

　食生活での野菜不足を改善する献立を考えました。野菜を調理したときの性質を調べ、加熱を工夫することで、かさが減ったり、食感に変化が出たりすることを確かめ合い、野菜の甘さや色合いを生かした「蒸し料理」や、食感を生かした「炒め物」を提案しました。

ここがピカイチ 😊 ⋯⋯⋯⋯⋯⋯⋯⋯⋯⋯⋯⋯⋯⋯⋯⋯⋯⋯⋯⋯⋯

日常の食生活を振り返ることで、生徒が課題を分析し、その解決方法を合理的に考えたことが記述されています。実験や観察、調査で体験・協働しながら学びを深めて発表したことを評価しています。

❸ 主体的に学習に取り組む態度

製作の過程で修正、改善を加えて取り組んだ生徒

⚠ 技能面の製作活動しか書かれていない

　アイデアバッグの製作では、運動好きな祖母のためのバッグを計画しました。バッグに必要な機能性に着目して、シューズや水筒など多くの荷物を入れられるよう工夫しました。持ち手など力のかかる部分を丈夫にして製作することができました。

ここがイマイチ 🙁 ……………………………………………………

技能面や機能面だけでなく、家族が互いに理解し合うことで、家族生活を改善していることにも焦点をあてると良いでしょう。対象を考えて熱心に取り組んだ表れを評価すれば、その後の自信につながります。

⭕ よりよく仕上げようと工夫を凝らす姿を記述

　アイデアバッグの製作では、祖母の使い勝手を考えて布の厚さや素材にも目を向けました。また、祖母の生活の様子から、ポケットを増やしたり、ボタンをマジックテープに変えたりする修正や、力のかかる部分は補強して縫うなどの見直しを重ねて仕上げました。

ここがピカイチ 😃 ……………………………………………………

対象や目的を考えて、より良い作品に仕上げようと工夫を凝らした生徒の実践を評価しています。対象や目的に応じ、計画を修正しながら取り組んだことから主体的に学ぶ態度を見取っています。

❿ 外国語

［外国語］の評価のポイント

▌知識・技能

　学習指導要領の「英語の特徴やきまりに関する事項」に記されている事項を理解したり、「聞くこと」「読むこと」「話すこと（やり取りや発表）」「書くこと」の各技能を身につけたりしている状況を見取って評価します。「知識」では、英語の特徴やきまりを理解する力を評価します。「技能」では、実際のコミュニケーションにおいて、日常的な話題や社会的な話題について、それぞれの技能をどのくらい、どう使っているかを見取って所見文にします。

▌思考・判断・表現

　日常的な話題や社会的な話題について、コミュニケーションを行う目的や場面、状況などに応じて、事実や自分の考えをどう表現したり伝え合ったりしているか、必要な情報や要点などを捉えて考えているかを見取って所見文にします。ここでは日常的な話題や社会的な課題に設定して生徒の表れを見ていきます。

▌主体的に学習に取り組む態度

　外国語の背景にある文化に対する理解を深めているか、聞き手や読み手、話し手や書き手に配慮しながら、主体的に外国語を用いてコミュニケーションを図ろうとしているかその態度を見取って評価します。また、自らの学習を自覚的に見つめ見通しを立てたり、修正を加えたり、振り返ったりしている取り組みの様子も見取って評価します。

❶ 知識・技能

▌文法の決まりを理解し、運用する技能を身につけた生徒

⚠ 一文が長く、保護者にわかりづらい表現で記述

　「私の尊敬する人物○○」を ALT に紹介するレポートを作成した際、三人称単数に「s」を付加させる文法事項を適切に使って単文を書き並べ、レポート用紙いっぱいにして、自分の思いを伝えることができました。

ここがイマイチ 😞 ………………………………………

長い一文は避けましょう。また、文法の学習用語や「適切に」は使いたくなる表現ですが、保護者にはピンとこないかもしれません。また、「レポート用紙いっぱいに」も曖昧な表現です。

◯ 保護者にもわかりやすい表現を使っている

　「私の尊敬する人物」を ALT に「He……」と紹介する英文レポートを作成しました。「He」や「She」では「s」をつける文法のきまりを正しく使い、尊敬する理由を単文で並べて紹介文を書くことができました。

ここがピカイチ 😊 ………………………………………

ここでは、英語の文法上の知識を正しく理解し、運用する技能については「書くこと」で評価しています。授業での生徒の取り組みを保護者が読んでもできるかぎりわかるような表現で伝えています。

2 思考・判断・表現

適切に自分の思いを伝えたり要点を捉えたりできた生徒

⚠ いくつかの活動をした事実しか書かれていない

　ペアで1分間の英会話をする活動では「好きな季節とその理由」のテーマでエピソードを話しました。さらに、「自分の宝物」のテーマでは、大切にしているキーホルダーをグループのメンバーに英語で紹介することができました。

ここがイマイチ 😞 ……………………………………………

いくつかの学習活動をしたことを書くだけでは、生徒の思考の深まりはわかりません。学習過程を通して、生徒がどう変容したか、活動の中身に着目すべきです。

◯ 工夫してコミュニケーションをとる様子を見取っている

　「好きな季節とその理由」を題材にペアで英会話を行いました。話の流れに応じて接続詞を適切に使い分けたり、ジェスチャーや相づちなどを用いたりしてやりとりを工夫し、好きな季節とその理由を互いに伝え合うことができました。

ここがピカイチ 😃 ……………………………………………

自分の思いを相手に伝えたり、相手の話を聞いたりと会話を成立させようとしたやりとりに着目しています。生徒がコミュニケーション上の工夫を考え、判断し、そして表現していった様子を見取っています。

❸ 主体的に学習に取り組む態度

自らの英語力を把握し、一層の向上をめざす生徒

⚠ 量的な側面のみを評価している

　授業中には ALT や教師の質問に対し、クラスの誰よりも多く発表をするなど、積極さが見られました。また、授業中は毎時間色ペンなどを使ってきれいにノートをまとめるといった自分で考えた学習の工夫をしました。

ここがイマイチ 😞 ……………………………………

挙手の回数やきれいなノートづくりなど、量的な側面だけをもって評価することはここでは避けるべきです。自らの学びをよりよくしていこうとする態度を評価することが大切です。

◯ 意志的な側面の変容を見取っている

　テスト後に意味のつながりのある英文が書けていないと反省し、書く力を向上させようと学習方法を工夫しました。授業で学んだ文型をもとに、ノートに身のまわりのことを英文にして書き、友達との対話で確かめ合う場面も見られました。

ここがピカイチ 😊 ……………………………………

生徒が自分の学びを見つめ直し、書く表現を向上させようとした表れを見取って記述しています。さらに、学びを発展させようとした主体的な態度を対話場面の観察からも見取っています。

⑪ 総合的な学習の時間

［総合的な学習の時間］の評価のポイント

▌知識・技能

　課題の解決に必要な知識及び技能を身につけているか、また、課題に関わる概念を形成し、探求的な学習の良さを理解しているかを評価します。

　教科等で習得した知識及び技能が相互に関連付けられたり、発展させられたりして、「生きて働く」ようになっているか、生徒の表れも見取っていきます。

▌思考・判断・表現

　「課題設定」「課題解決」「情報収集」の能力、「学び方・ものの考え方」の深まり等を評価します。具体的には、実社会や実生活の中から問いを見出しているか、自分で課題を立て、情報を集め、整理・分析して、まとめ・表現することができているかを見取っていきます。

　そして、探求過程で発揮された資質・能力が、未知の状況において活用できるものとなっているかを見取っていくことも大切です。

▌主体的に学習に取り組む態度

　「学習への主体的・創造的な態度」「自己の生き方」への関わりを評価します。具体的には、主体的・協働的に取り組む態度はどうか、互いの良さを生かしながら、探究方法を考え社会に参画しようとする態度などの表れを見取っていきます。

　「学びに向かう力、人間性等」については、「自分自身に関すること」及び「他者や社会との関わりに関すること」の両方の視点から見取っていくことが大切です。

❶ 知識・技能

▌教科の学びを広げ、学びの良さを実感した生徒

⚠ 通り一遍の学習活動の記述にとどまっている

　数学の「魔方陣」について調べることにたいへん熱心に取り組みました。そして、魔方陣の規則性や作り方を調べて、自ら魔方陣を作ることができました。

ここがイマイチ 😖 ‥‥‥‥‥‥‥‥‥‥‥‥‥‥‥‥‥‥‥‥

学びを独自に発展させたことをわかりやすく示したいところですが、教科の通り一遍の学習活動の記述にとどまっています。また、この生徒の際立つ表れを見取ってほしいものです。

⭕ 生徒の学びを発表できた実感を見取っている

　数学の学習を広げて「魔方陣」の研究をしました。魔方陣の規則性や作り方を考えたり、自ら魔方陣を作ったりしました。その中で「数学的に考える」ことについて考え、抽象化できる人間の能力を驚きを持って捉えることができました。

ここがピカイチ 😊 ‥‥‥‥‥‥‥‥‥‥‥‥‥‥‥‥‥‥‥‥

「～を考えたり、～を作ったりした」活動に加えて、探求を通して人間の能力の素晴らしさに気づいたという、生徒の実感ある表れを見取って記述しています。

❷ 思考・判断・表現

┃ 課題解決によって考えを掘り下げていった生徒

⚠ 生徒が考えを深めていく様子が伝わらない

　「国際社会の中で生きる私たち」という課題で、差別のある国々、地域を調べ、世界には多く差別の実態があることに気づきました。そして、世界から差別がなくなってほしいという願いを持ったようです。

ここがイマイチ 😞 ⋯⋯⋯⋯⋯⋯⋯⋯⋯⋯⋯⋯⋯⋯⋯⋯⋯⋯

社会問題を追究したときは、情報を収集し、論理的に分析して、自分の考えに至った姿を見取ります。その課題解決をしていく姿を所見文にすると、意義ある追究として生徒にフィードバックされます。

⭕ 考えを掘り下げて追究した様子がわかる

　海外滞在経験を生かし、「国際社会の中で生きる私たち」の課題を追究しました。身分制度が残る国で職業の選択が限られる差別が貧困を生み、差別が助長されているのではと考えました。互いを受け入れる寛容な考え方を世界中に広めたいと考察にまとめました。

ここがピカイチ 😊 ⋯⋯⋯⋯⋯⋯⋯⋯⋯⋯⋯⋯⋯⋯⋯⋯⋯⋯

生徒が、身分制度への問題意識を持ち、その原因を論理的に掘り下げていくなかで結論を出している姿を評価して記述しています。また、生徒の考察にある実感を伴った考えを生かして記述しています。

❸ 主体的に学習に取り組む態度

■ 主体的な課題解決で自己の生き方に考えが及んだ生徒

⚠ 表面的な活動や態度だけを記述している

　ウミガメ保護活動を課題にして、保護にあたっている NPO 法人の活動に参加し、環境保護の大切さに気づきました。そして、環境保護活動にこれからも一緒に参加して、自然を大切にしていこうと思っています。

ここがイマイチ 😞 ‥‥‥‥‥‥‥‥‥‥‥‥‥‥‥‥‥‥

表面的な関心事や態度を見取るだけでは物足りません。探求を主体的に深め、生徒が進んで社会に関わっていこうとする態度が生じたことを、わかりやすく表現したいものです。

⬤ 実践し、自分の問題として捉え直した様子がわかる

　地元のウミガメ保護活動に興味を持ち、保護にあたる NPO 法人の活動を調べ、実際に海岸清掃やウミガメの放流に参加しました。環境保護は自分たちの小さな行動からでも可能であると気づき、身のまわりの生活を見直していこうとしています。

ここがピカイチ 😊 ‥‥‥‥‥‥‥‥‥‥‥‥‥‥‥‥‥‥

関心のあった課題を「調べ、体験する」実践的な探究過程を記述しています。そして、環境保護を自分の問題として捉え、小さな行動からこの問題に関わっていこうとする態度を見取って記述しています。

⑫ 特別の教科・道徳

［特別の教科・道徳］の評価のポイント

▌道徳科の評価とは

　道徳の評価では、結果として生徒の成長を促すものとなることが最も大切です。そして、道徳の時間における、道徳性の成長の度合いを積極的に受け止め、励ます評価を行うことです。また、相対的な評価や数値などによる評価を不用意にしないことです。

▌道徳科の評価の視点

　生徒が、①一面的な見方から多面的な見方に発展させているかどうか、②自分と異なる立場や感じ方、考え方を理解しているか、③教材の中の人物を自分に置き換えて具体的にイメージして理解したか、授業での表れを見取っていきます。また、④現在の自分自身を振り返り、自分の行動や考えを見直しているかも重要な視点です。「ものの見方・考え方」が深まり、生き方につながっていくことを期待するものです。

▌評価にあたっての配慮

　道徳科の評価は、一律の評価方法で見取るだけではなく個々に応じた評価が必要です。そこで、①ワークシートや道徳ノート、②生徒の作文やスピーチ、③生徒の自己評価や相互評価、④複数の教師が連携した授業での記録、⑤生徒のつぶやき、行動の変化の記録、⑥保護者の感想や評価、⑦予定帳など連絡日誌、⑧キャリアパスポートなどを活用します。

　また、グループやペアワークなどを取り入れたり、役割演技などを取り入れたりするなどの工夫で生徒の変容を見取ることができます。

❶ 自分と異なる立場や感じ方・考え方の理解

▌話し合いでより良い考えを導いた生徒

⚠ 人格に触れる否定的な表現を使っている

　授業の話し合いでは、自分の意見を曲げずに主張するような自己中心的な考え方がありますが、徐々に周りの人の話を聞いて、より良い考え方へと改めるようになってきました。

ここがイマイチ ☹ ┈┈┈┈┈┈┈┈┈┈┈┈┈┈┈┈┈┈┈┈┈┈┈

「自己中心的な考え方があり」「改める」という表現からは、欠点を指摘されて矯正を求められている感じがします。生徒が「なるほど」とうなずき、自己肯定感を高めていくような書き方が必要です。

⬤ 生徒が自分の考えを深めた様子がわかる

　授業の話し合いでは、友達の考えに対して自分の意見を積極的に話した上で、自分の考え方を改めて見直そうとする姿勢が出てきました。その結果、話し合いから良い考えを導き出そうとするようになりました。

ここがピカイチ ☺ ┈┈┈┈┈┈┈┈┈┈┈┈┈┈┈┈┈┈┈┈┈┈┈

生徒の良さを深めた上で、話し合いによってその姿勢が変化していることを振り返らせている記述です。自分と異なる立場の感じ方・考え方を理解していることがわかります。

2 一面的な見方から多面的なものの見方へと発展

自分なりの考えをしっかりと深めた生徒

⚠ 他の生徒と比較するような記述

　授業で話し合う場面では、クラスの中でも発言こそ少ないですが、周りの子と比べて自分の考えを持っていることがわかります。道徳ノートからは、話し合ったことから自分の考えを深めていることがわかりました。

ここがイマイチ ☹ ……………………………………

「クラスの中でも発言こそ少ない」「周りの子と比べて」といった表現は、他の生徒と比較した見立てになります。その子の多面的なものの見方になった成長の度合いを認めていくようにすることが大切です。

○ 生徒の内面を鋭い観察で見取っている

　授業で話し合う場面では、クラスの仲間はどう考えているか、それぞれにうなずいて聞いていました。道徳ノートのまとめからも、話し合いで友達の考えに触れて、別の考え方があることに気づき、そこから自分の考えを深めていることがわかりました。

ここがピカイチ ☺ ……………………………………

発言の少ない生徒の表れを、授業中のふとした表れや道徳ノートのまとめから見取っています。特にこの生徒の内面的な変化をノートから見取って、多面的な見方となっていることを認めています。

❸ 自分に置き換え、自分なりの方向性をイメージ

▌協力し合うことについて、考えを深めた生徒

⚠ 生徒の道徳性そのものを評価するような記述

　学級内の男女の対立から学級が分裂してしまう題材を扱った授業では、仲間のそれぞれの立場を理解することで問題を解決しようとする、人を思いやる優しい心情が育ったように思います。

ここがイマイチ 😞 ···

「人を思いやる優しい心情が育った」と、道徳性そのものを評価するのは、所見文では避けるべきです。道徳では、どのように考えが深まったのか、価値観が広がったのか、生徒の表れから変容を見取ります。

⭕ 自分に置き換えて今後の行動を考えたことがわかる

　学級内の男女の対立から学級が分裂してしまう題材を扱った授業では、自分の学級と照らし合わせながら原因について考えました。協力し合うためには、互いの立場に立って考えたり、発言したりすることが大切ではないかと考えを深めることができました。

ここがピカイチ 😃 ···

自分の学級だったらどうだろうと自分の問題として考え、題材に向き合ったことがわかります。そこから、この生徒が自分の行動を変えようとする姿勢が引き出されたことを認める記述となっています。

◆監修者

梶田 叡一（かじた・えいいち）

京都大学文学部哲学科（心理学専攻）修了。文学博士。国立教育研究所主任研究官、大阪大学教授、京都大学教授、兵庫教育大学学長、環太平洋大学学長、奈良学園大学学長、桃山学院教育大学学長などを歴任。中央教育審議会元副会長、教育課程部会元部会長。現在、学校法人聖ウルスラ学院理事長、日本語検定委員会理事長。著書に『人間教育のために』『〈いのち〉の教育のために』（以上、金子書房）、『教師力の再興』（文溪堂）他、多数。

◆編著者

古川 治（ふるかわ・おさむ）

大阪大学大学院人間科学研究科修士課程修了。大阪府箕面市立小学校教諭、箕面市教育委員会指導主事、箕面市教育センター所長、箕面市立小学校校長、箕面市立中学校校長、東大阪大学教授、甲南大学教職教育センター教授などを経て、現在、桃山学院教育大学客員教授、日本人間教育学会顧問、日本教師学学会監事、いのちの教育実践研究会理事長。中央教育審議会元専門委員。著書に、『自己評価活動が学校を変える』（明治図書）、『ブルームと梶田理論に学ぶ』（ミネルヴァ書房）、『21世紀のカリキュラムと教師教育の研究』（ERP）他、多数。

杉浦 治之（すぎうら・はるゆき）

公立小・中学校の教員を経て、静岡大学教育学部附属浜松中学校文部教官、同大学教育学部講師を併任するとともに、研究主任として教育研究開発校「ライフセミナ－学習」の実践をまとめる。その後、公立中学校の教務主任を経て、浜松日体中学校開校準備室から浜松日体中・高等学校副校長へ。現在はライトハウスエデュケーション（株）顧問他、教育アドバイザーとして奮闘中。主な共著に『中等教育ルネッサンス』（学事出版）、『人間教育を目指したカリキュラム創造』（ミネルヴァ書房）などがある。

◆**文例執筆者**（50 音順、所属は 2021 年 7 月現在）

伊藤 一司（磐田市立豊田中学校校長）

井浪 秀一（磐田市立岩田小学校校長）

河合 克仁（浜松日体中・高等学校教諭）

金原 辰夫（磐田市立南部中学校教頭）

齋藤 隆治（浜松市立河輪小学校教諭）

辻村 映里（浜松市立三ヶ日中学校教諭）

福岡 大輔（浜松日体中・高等学校教諭）

前田 一成（浜松市立曳馬中学校教頭）

水谷 佳子（磐田市立福田中学校教諭）

信頼される所見文はココが違う！
中学校通知表文例集
2021年8月24日　初版発行

監修者　梶田 叡一
　　　　　かじ た　えいいち

編著者　古川 治・杉浦 治之
　　　　　ふるかわ おさむ　すぎうら はるゆき

発行者　佐久間重嘉

発行所　学 陽 書 房
　　　　〒 102-0072　東京都千代田区飯田橋 1-9-3
　　　　営業部／電話　03-3261-1111　FAX　03-5211-3300
　　　　編集部／電話　TEL 03-3261-1112
　　　　http://www.gakuyo.co.jp/

ブックデザイン／佐藤博　　DTP 制作／越海辰夫
印刷・製本／三省堂印刷